UNNÜTZES WISSEN

BADEN

Hartmut Ronge

UNNÜTZES WISSEN

BADEN

Skurrile Fakten zum Angeben

SILBERBURG

Baden heißt auf Tschechisch Bádensko, auf Polnisch Badenia, auf Chinesisch Bā dēng, auf Französisch pays de Bade, auf Hindi beden und auf Portugiesisch Bade.

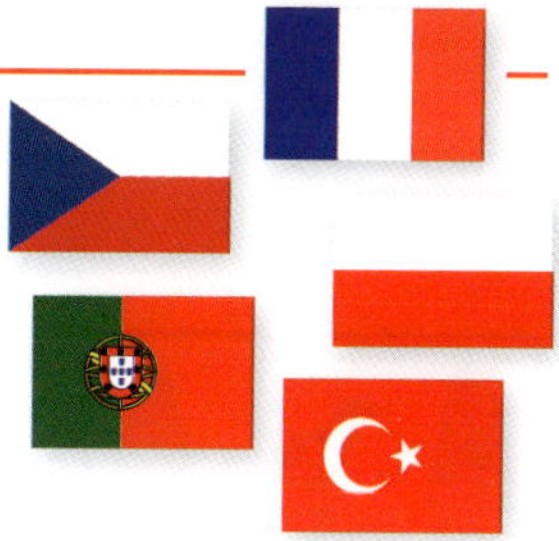

Die Autobahn A 5 zwischen Karlsruhe und Lörrach nennt man auch »Yellow-Feet-Highway«.

Die Bewohner von Baden bezeichnen sich selbst als Badener beziehungsweise Badner – und wollen nicht Badenser genannt werden, da sie es als geringschätzig und abwertend empfinden. Der Duden lässt beide Formen als gleichwertig zu.

Als 1954 ein Heilbronner Abgeordneter des Landtags von Baden-Württemberg das Wort »Badenser« gebrauchte, intervenierte der nordbadische CDU-Abgeordnete Franz Gurk umgehend und rief durch den Saal, er werde ihn künftig als »Heilbronnser« bezeichnen. Danach ging er bronnsen.

Wer die Schwarzwälder Kirschtorte erfunden hat, ist nicht geklärt. Sowohl der Tübinger Konditor Erwin Hildebrand, der sie ab 1930 servierte, als auch der in Riedlingen geborene Josef Keller (1887–1981) reklamierten die Spezialität für sich.

In Freiburg gibt es die Bäckerei Metzger, die Massagepraxis Schlachter und die Kleintierklinik Machleid.

Das Wappen von Aglasterhausen im Neckar-Odenwald-Kreis zeigt ein rotes Haus zwischen zwei grünen Pappeln, auf dessen Dach eine überdimensional große schwarze Elster sitzt – und sieht aus wie ein Kinderbild aus einem Märchen.

Das rote Ziegeldach zwischen den zwei Pappeln soll auf Tonvorkommen auf feuchtem Grund hinweisen. Das althochdeutsche »agilastra« bedeutet Elster – der Ortsname leitet sich also von »Elstern auf Häusern« ab.

Das Festspielhaus Baden-Baden ist mit 2500 Plätzen Deutschlands größtes Opernhaus – und das zweitgrößte Europas. Der Opernsaal steht auf dem ehemaligen Gleiskörper eines Bahnhofs.

In Achern gibt es einen Guggenmusikverein – die Bläch Forest Guggys.

Awwer gwieß! Wenn im evangelischen Gotteshaus ein Gesangbuch der badischen Landeskirche ausliegt, dann befindet man sich in Baden.

In Baden haben 65 Prozent der Neugeborenen nur einen Vornamen, 29 Prozent hören auf zwei Vornamen, 4 Prozent haben drei Vornamen – und nur 2 Prozent besitzt vier oder gar fünf Vornamen. Spitzenreiter sind ein Mädchen und zwei Jungen mit jeweils sechs Vornamen.

Von Nonnenweier nach Himmelreich sind es per Luftlinie genau 184,69 Kilometer.

Mit echtem Ranger! Das Naturschutzgebiet Feldberg ist das größte und älteste Naturschutzgebiet Baden-Württembergs.

Drieler! Das Finanzamt Karlsruhe-Durlach ist laut Deutscher-Handwerks-Zeitung mit 82,1 Tagen Bearbeitungszeit eines der langsamsten Finanzämter Deutschlands.

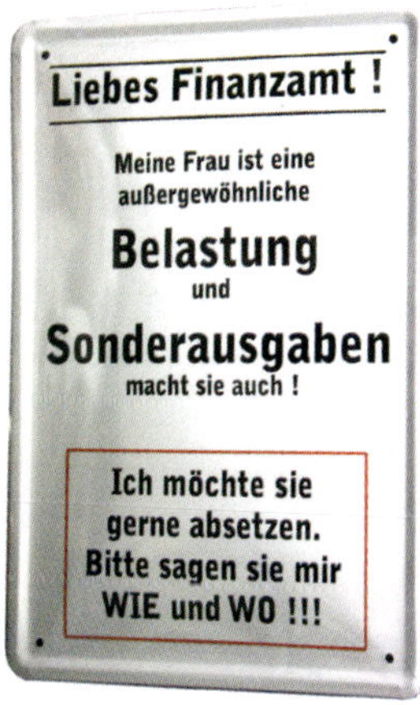

Das Orakel vom Bodensee. Das von Elisabeth Noelle-Neumann 1948 gegründete Institut für Demoskopie Allensbach ist das älteste Meinungsforschungs-Institut Deutschlands.

»E Muggeseggele«: Die kleinste badische Einheit für Länge, Volumen, Gewicht oder Zeit. Sie bezieht sich auf das Geschlechtsorgan der männlichen Stubenfliege.

13,93 Meter lang! Weltrekord! Anfang Mai 2015 falteten ganze 40 Teammitglieder des Kanukreises Karlsruhe innerhalb von drei Stunden im Freibad aus einem 300 Quadratmeter großen Blatt Papier das größte Papierboot der Welt – und schafften es damit ins »Guinness Buch der Rekorde«.

Der Sage nach soll sich einst an der engsten Stelle des Höllentals ein Hirsch durch einen Sprung auf die andere Seite der Schlucht vor seinen Verfolgern in Sicherheit gebracht haben. Eine Hirschfigur aus Bronze markiert diese Stelle.

Die Heidelberger Pfanne ist kein Küchenutensil, sondern ein spezieller Dachziegel. Der Betonstein mit abgerundeter Stirnkante muss nicht gebrannt werden und punktet durch seinen günstigen Preis.

Als typisches Symbol des Schwarzwaldes gilt der so genannte rote Bollenhut. Er wurde um 1800 nur in den drei evangelischen Gemeinden Gutach, Hornberg-Reichenbach und Kirnbach getragen, die zum Herzogtum Württemberg gehörten – alle anderen Gemeinden der Gegend waren katholisch. Bei unverheirateten Frauen sind die jeweils 14 Woll-Bollen rot, bei verheirateten schwarz.

Möbelfabrikant Karl Mayer meldete 1921 ein Fußballbrettspiel zum Patent an. Der Name: Tipp-Kick. Drei Jahre später erwarb der Kaufmann Erwin Mieg die Rechte, produzierte in Villingen-Schwenningen statt Blechfiguren Figuren aus Blei – und schaffte damit einen beispiellosen Siegeszug. Einen Spieler mit beweglichem Linksfuß gibt es jedoch bis heute nicht.

Badische Ortsnamen in Mundart: Bad Dürrheim (Diere), Böllen (Bölle), Bruchsal (Brusl), Durmersheim (Durmersche), Hausach (Huuse), Herbolzheim (Härwelze), Kandern (Chandre), Laufenburg (Laufeburg), Bad Säckingen (Bad Säckinge), Schopfheim (Schopfe).

Freiburger Bächle. Die mit Wasser der Dreisam gespeisten Wasserläufe haben eine Gesamtlänge von 15,5 Kilometern.

Einer Sage nach wird jeder, der versehentlich in eines der Bächle tritt, einmal eine gebürtige Freiburgerin oder einen gebürtigen Freiburger heiraten. Somit wäre eigentlich Gerhard Schröder an der Reihe!

Bülent Ceylan wurde 1976 in Mannheim geboren. Sein türkischer Vorname ist persischer Herkunft und heißt: erhaben, stark, großgewachsen. Bülent ist auch ein Mädchenname. Ceylan bedeutet Gazelle.

Während der Fußball-WM 2006 schlugen drei Nationalmannschaften im Badischen ihre Zelte auf: Costa Rica in Heidelberg, England in Bühl bei Baden-Baden und die Niederlande in Hinterzarten.

We only babble Badisch! Allein zwischen 1880 und 1890 wanderten über 94 000 Badener in die USA aus. Etwa die Hälfte davon verließ das Land illegal, ohne Genehmigung der Behörden. Viele siedelten im so genannten »German Belt« – einem Landstrich im mittleren Westen, der sich über die Staaten Michigan, Wisconsin, Minnesota, North- und South Dakota, Nebraska und Iowa erstreckt.

Gründe der Völkerwanderung waren unter anderem die gescheiterte Märzrevolution, Flucht vor dem Militärdienst, die Teuerung, die hohe Arbeitslosigkeit, hohe Gebühren, Abgaben aller Art an den Adel sowie Repressalien durch Beamte und Bürgermeister.

Unter »Greiz« versteht der Badener den gesamten Rücken – vom Hals bis zum Steiß.

Sad tfuäl! Der ehemalige international erfolgreiche Treppenläufer Thomas Dold hat auch bereits 10 Weltrekorde im Rückwärtslaufen aufgestellt. Der gebürtige Wolfacher lief 2018 die 5000 Meter in 19:07 Minuten – das sind im Schnitt 22,94 Sekunden auf 100 Meter.

In München gibt es einen Verein der Badener. Er wurde 1894 gegründet und ist einer der ältesten Vereine der bayerischen Landeshauptstadt.

Der Sänger Max Giesinger stammt aus Busenbach.

Viele Badener können es bis heute noch immer nicht akzeptieren, dass der Bodensee im Volksmund »Schwäbisches Meer« heißt. Der größte Teil des Bodenseeufers ist nämlich badisch – mit einer Länge von 130 Kilometern. Zu Schwaben beziehungsweise Württemberg gehören nur 25 Kilometer Ufer.

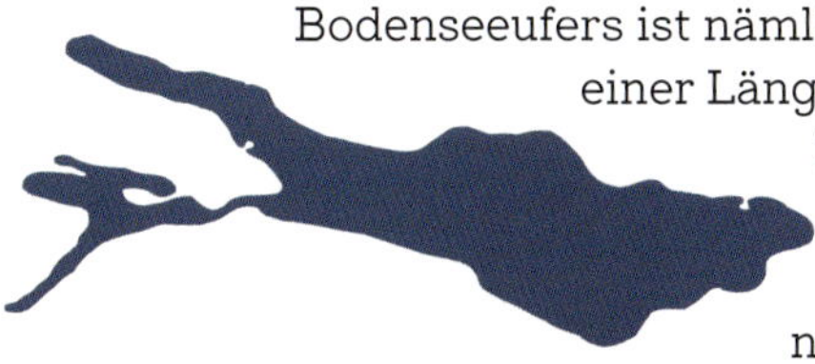

Allein im badischen Teil des Bodensees liegen über 250 Wracks auf dem Grund.

Alles für Warmbader. In Baden-Baden kommt mineralisiertes Thermalwasser aus 2000 Metern Tiefe an die Oberfläche – 12 Quellen spucken täglich 800 000 Liter Heilkraft aus. Wie die Römer schon sagten: »Mens sana in corpore sano«: »In einem gesunden Körper steckt ein gesunder Geist.«

Auf der Insel Reichenau betreibt der dortige Winzerverein die südlichste Weinbaufläche Deutschlands.

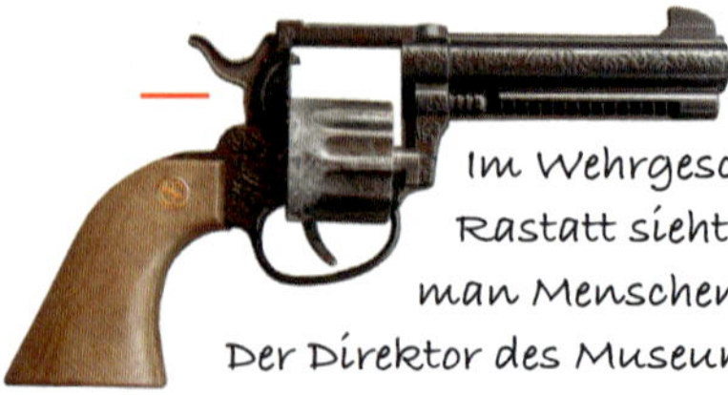

Im Wehrgeschichtlichen Museum von Rastatt sieht man unter anderem, wie man Menschen »über den Jordan« brachte. Der Direktor des Museums heißt: Dr. Jordan.

Bietigheim hatte im Laufe der Geschichte schon folgende Namen: Buticheim, Batenkeyn, Biutincheim, Bütenkeyn, Biticken, Bitingen.

Hier geht's rund! Der große Karlsruher Oststadtkreisel ist kein Kreisverkehr und auch keine klassische Kreuzung, sondern eine seltene Mischform daraus: eine so genannte Runde Kreuzung.

Der im Volksmund als »Todeskreisel« bezeichnete Unfallschwerpunkt besteht aus bis zu vier Spuren, hat acht Ein- und Ausfahrten, hat bei Einfahrt aber auch mitten im Kreis diverse Haltepunkte, es gibt Ampeln und Fußgängerüberwege – und zur Krönung bewegen sich dort nicht nur Autos, sondern es fährt auch noch eine Straßenbahn mittendurch. Wer do ned ins Schwiddse kommd …

Nie hat man eine Brille, wenn man sie braucht! In Bad Rappenau gibt es neun »freundliche Toiletten«. Hier darf man kostenlos sein Geschäft verrichten, auch wenn man kein Kunde ist.

Baden first! Der Schwarzwaldverein ist der älteste Gebirgs- und Wanderverein in Deutschland – er wurde 1864 gegründet.

Ein Gulden pro Jahr. Das »Bruchsaler Intelligenzblatt« war ein Wochenblatt, das ab 1760 erschien – aber von 60 000 Bewohnern nur 70 Abonnenten hatte. Auf Bitten des Verlegers verordnete der Fürstbischof Zwangsabonnements für sämtliche Ämter, Behörden und Gemeinden sowie für alle Gaststätten.

Sauhaaiß hoch drei! Die höchste jemals gemessene Temperatur in Baden wurde am 13.08.2003 sowohl in Karlsruhe als auch in March und Freiburg registriert: das Thermometer zeigte sagenhafte +40,2 Grad.

»Deutschland hat einen Weltstar, aber die Welt bemerkt es nicht«, sagte Tom Jones über die Blues-, Soul- und Schlagersängerin Joy Fleming. Sie wurde als Erna Raad in Rockenhausen geboren und sang schon mit 16 Jahren Blues und Jazz in Bars für in Mannheim stationierte amerikanische Soldaten.

Ein Lied kann eine Brücke sein: Ihr Hit »Neckarbrückenblues« ist komplett auf Mannheimerisch.

Der Sänger Pietro Lombardi wuchs in Karlsruhe auf, verließ die Hauptschule ohne Abschluss, arbeitete als Pizzabäcker und war danach Svarowski-Steinleger in einem Schmuckgeschäft.

»Der Reiter und der Bodensee« ist eine 62-zeilige Ballade von 1826 von Gustav Schwab. Sie handelt von einem Mann, der sich im Winter auf festem Grund wähnt, aber in Wirklichkeit über den zugefrorenen Bodensee reitet. Am anderen Ufer erkennt er nachträglich die Gefahr und fällt tot vom Pferd. Als »Ritt über den Bodensee« wird noch heute eine riskante Tat bezeichnet, die einem erst im Nachhinein bewusst wird.

Gailingen besaß Mitte des 19. Jahrhunderts eine der größten israelitischen Gemeinden Badens – die Hälfte der 1972 Einwohner waren jüdische Bürger.

Fastnacht? Fasching? Fassenacht? In der Hochburg des badischen Frankenlandes gibt es die »Buchener Faschenacht«.

Elsässer Belchen, Kleiner Belchen, Großer Belchen, Schwarzwälder Belchen, Schweizer Belchen. Die fünf Belchen (das Belchen-System) sollen schon den Kelten als Sonnenkalender gedient haben.

In Mannheim steht ein Schnullerbaum. Damit der Abschied nicht so schwer fällt, können im Luisenpark Kleinkinder ihre Nuckel an bunten Bändern hochwerfen und immer wieder besuchen. Die Schnullerfee passt sicher Tag und Nacht gut darauf auf …

Ich darf das, ich bin ein Einhorn! Oberried hat als Wappen – ein Einhorn.

Sexau liegt am Übergang des Schwarzwaldes zur Rheinebene – die Gemeinde hat auch einen Verkehrsverein. Der Name Sexau beruht auf der ursprünglichen Einteilung der Gemeinde in »sechs Auen«. Immer wieder wird von Dieben das Ortsschild entwendet.

377 Wochen nonstop auf Platz 1: Steffi Graf hält den absoluten Rekord bei Führung in der Tennisweltrangliste. Die gebürtige Mannheimerin gewann als bisher einzige Spielerin den Golden Slam und hat Schuhgröße 41.

Honigschlecker – so heißt die beliebteste männliche Putte in der Basilika Birnau am Bodensee. Die Gipsfigur hält einen Bienenkorb und befindet sich links oberhalb des rechten Seitenaltars.

Ein Wurm? Ein Darm? Eine Kackwurst? Adelsheim im Neckar-Odenwald-Kreis hat eines der wohl seltsamsten Wappen. Es soll tatsächlich ein schwarzes, senkrecht stehendes Steinbockshorn darstellen. Ha so ein Gruschd!

Der 1493 m hohe Feldberggipfel ist der kälteste Ort in Baden-Württemberg – mit der tiefsten Jahresdurchschnittstemperatur von 3,9 Grad.

Seit Beginn der Wetteraufzeichnungen kam es in allen Monaten schon zu Schneefällen. Im Schnitt gibt es auf dem Feldberg pro Jahr 157 Tage eine geschlossene Schneedecke.

Viel Sand. Die Sandhausener Dünen sind zwei Naturschutzgebiete mit einer Gesamtfläche von rund 37 Hektar. In der französischen Partnerstadt von Sandhausen, Lège-Cap-Ferret im Arrondissement Arcachon an der Atlantikküste, gibt es die »Dune du Pilat« – die größte Wanderdüne Europas. Sie ist allein schon 137 Hektar groß.

Bei der jährlichen Sixdays-Night auf der Radrennbahn in Oberhausen-Rheinhausen werden an einem einzigen Abend sämtliche Disziplinen eines Sechs-Tage-Rennens ausgetragen.

Über Baden lacht die Sonne.
Und über Schwaben die ganze Welt.

Der Teufelstisch ist ein 90 Meter steil abfallender Fels im Überlinger See, der knapp unter der Wasseroberfläche ein flaches, 10 x 22 Meter großes Plateau bildet. An der 50 Meter vom Ufer entfernten Felsformation ist seit 1994 Tauchen nur mit Ausnahmegenehmigung möglich, da es immer wieder zu tödlichen Unfällen kam.

Bythinella badensis. Die Badische Quellschnecke gibt es nur in Südbaden in Quellbächen mit klarem kaltem Süßwasser. Sie ist nur zwei Millimeter groß. Zimmlich klaai!

Blas mal ins Röhrchen! Die 1758 gegründete Stadtkapelle Bühl ist eines der ältesten Blasorchester Deutschlands.

Staufen nennt sich Fauststadt. Der sagenumwobene Alchimist, Wunderheiler und Astrologe Johann Georg Faust, den Goethe in der Tragödie »Faust« beschreibt, soll vom verschuldeten Burgherrn Anton von Staufen als Goldmacher angestellt worden sein und 1539, über dem Gasthaus Löwen am Marktplatz, bei einem alchemistischen Experiment ums Leben gekommen sein.

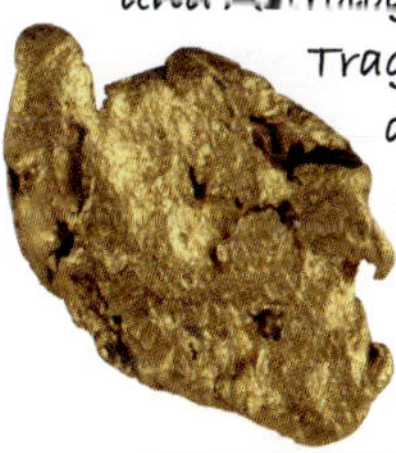

Der Zwinger-Club war der erste offizielle Fanklub des Fußballvereins TSG Hoffenheim.

85,78 Quadratkilometer! Baden-Baden hat den größten Stadtwald Deutschlands.

Die Badische Lochung ist eine Technik, um Akten ohne die Verwendung von Ordnern zu binden und zu archivieren. Die Seiten werden oben links zweifach gelocht und zwischen einem Kartondeckel mit einer Schnur so verbunden, dass die beiden Enden auf der Rückseite zum so genannten Badischen Aktenknoten gebunden werden können.

Die Badische Aktenheftung (wie man sie auch bezeichnet) ist ein in der badischen Verwaltung und Justiz schon vor 1800 entwickeltes Verfahren mit geringen Materialkosten, das insbesondere von Archiven, Gerichten und Staatsanwaltschaften im Raum Karlsruhe noch heute genutzt wird. Die speziell benötigten Hilfsmittel wie Aktenlocher und Aktenstecher werden in der JVA Mannheim gefertigt. Das nennt man »eingelocht«.

Der Theater- und Filmschauspieler sowie Hörbuch- und Synchronsprecher Rufus Beck wurde 1957 in Heidelberg geboren. Rufus heißt auf lateinisch »der Rote«.

Schiltach liegt an der Schiltach.

400 Jahre alt. Fünf Meter Stammumfang. Im Naturschutzgebiet Schlüchtsee bei Grafenhausen steht die Danieltanne – die dickste Tanne des Schwarzwaldes.

Die Konstanzer Imperia dreht sich innerhalb von vier Minuten einmal um die eigene Achse. Die 18 Tonnen schwere Betonstatue im Hafen erinnert satirisch an das Konstanzer Konzil von 1414 bis 1418.

Das kleinste Hotel Deutschlands: Im 1877 erbauten Wasserturm auf dem Gelände des früheren Ausbesserungswerks der Bahn in Karlsruhe gibt es ein Zimmer für zwei Personen – die 20 Meter hohe Towersuite. Zum Frühstück geht's zu Fuß in die 55,55 Meter entfernte Landbäckerei Laib & Leben.

Regina Halmich war zwischen 1995 und 2007 ungeschlagene Boxweltmeisterin. Die 160 Zentimeter große gebürtige Karlsruherin posierte zweimal nackt für den Playboy.

Blos ned bloddse lasse! Die Dorotheenhütte in Wolfach ist die letzte aktive Mundblashütte im Schwarzwald. Die Glasbläserzunft zählte jahrhundertelang zu den bedeutendsten Handwerkszweigen, denn es gab vor Ort alles, was man benötigt: Buchenholz für Pottasche, Quarzsand sowie Fichten- und Tannenholz für das Schmelzfeuer.

Baden in Missouri liegt direkt am Mississippi, an der Grenze zu Illinois. Es gibt eine Baden Allee, eine Schweizer Allee, eine Gustav Allee, eine Veronica Allee, eine Theobald Straße, eine Wall Street und eine Playboy Cappuccino Lounge. Echte Badener halt …

Wutöschingen hat 3,0 Kilometer Landstraßen, 6,5 Kilometer Bundesstraßen, 7,2 Kilometer Kreisstraßen und 72,0 Kilometer Ortsstraßen.

Physik im Freiburger Münster. Unterhalb des Glockenturms befinden sich zwei Messingpunkte auf dem Boden. Der große liegt exakt senkrecht unter der Turmspitze. Doch der 3,2 Zentimeter daneben befindliche zeigt die Stelle an, auf die ein Stein in Folge der Erdrotation wirklich fallen würde.

Süßes oder Saures? Südzucker in Mannheim ist der größte Zuckerproduzent der Welt. Und ein großer Feind der Deutschen Rechtschreibung – denn man verwendet bei den Produktbezeichnungen keine Bindestriche mehr. Viele Kunden sind deshalb richtig sauer.

So steht etwa auf der Verpackung »Back Zucker« – aber weshalb soll man den Zucker backen? Es heißt »Fein Zucker« – bloß was soll das Lob »super, fein gemacht, lieber Zucker«? Oder man liest die Aufforderung »Puder Zucker« – aber wer will seinen Zucker schon pudern? Auf anderen Packungen wiederum steht die eindeutige Bitte, mit dem Essen zu spielen: »Würfel Zucker«. Sind die denn alle unterzuckert?!

Manfred Maus aus Gottmadingen gründete 1970 die Baumarktkette OBI. Das Maskottchen: keine Maus – ein Biber.

Der Bodensee ist
bis zu 252 Meter tief.

39,8 Jahre: Die jüngste Bevölkerung Deutschlands findet sich in Freiburg. Direkt dahinter folgt Heidelberg mit einem Altersdurchschnitt von 39,9 Jahren.

War Obelix da? Der südlichste Menhir Deutschlands steht in Tiengen. Der Langenstein hat eine Höhe von 5,92 Metern und wird auch Chindlistein genannt. Weil laut Volksmund von daher die Babys kommen – und nicht vom Storch.

Der Dreifürstenstein auf der Hornisgrinde markierte seit 1722 die Grenze zwischen der Markgrafschaft Baden, dem Fürstbistum Straßburg und dem Herzogtum Württemberg.

Vitaminbombe! Ein 81-jähriger aus Bretten wählte Anfang November 2018 die 110, weil er einen 40 Zentimeter langen Blindgänger in seinem Vorgarten entdeckt hatte. Die Polizei kam, sah und konnte ihn aufklären: Es handelte sich um eine ausgewachsene fünf Kilo schwere Zucchini.

Ohne Ober, ohne Unter. 1971 schlossen sich die Gemeinden Obermünstertal und Untermünstertal zur Gemeinde Münstertal zusammen.

Pro Jahr werden im Europapark Rust 565 Tonnen Pommes frites mit 63 Tonnen Tomatenketchup gefuttert.

Die teuerste Brücke der Welt! Die Scheffelbrücke über die Radolfzeller Aach wurde 1923 während der Inflationszeit gebaut und kostete 1 520 940 901 926 024 Mark – also mehr als eineinhalb Billiarden. Oder verständlich ausgedrückt: Die 20 Meter lange Steinbrücke kostete unfassbare 1 520 940 Milliarden!

Jacke, Spritze, Trallala. Die Schwarzwaldklinik war von 1984 bis 1989 die erfolgreichste TV-Unterhaltungsserie Deutschlands – mit bis zu 30 Prozent Einschaltquote. Klausjürgen Wussow als Professor Brinkmann, Gaby Dohm als Schwester Christa, Sascha Hehn und alles, was Rang und Namen hatte, spielten in den 70 Folgen mit.

Die Innenaufnahmen wurden gedreht in der Helios-Klinik in Titisee-Neustadt, in der Reha-Klinik Glotterbad im Glottertal, im Schloss Fürstenberg in Donaueschingen und im Studio Hamburg des ZDF.

Die Schwarzwaldklinik wurde in 43 Ländern ausgestrahlt und gehört damit zu den größten deutschen TV-Bestsellern im Ausland. Nach Einstellung des Formates flimmerten allein in Deutschland in den nächsten Jahren mehr als 25 Arztserien über die Bildschirme.

Die größte Sauna der Welt. In der »Thermen & Badewelt Sinsheim« gibt es eine 166 Quadratmeter große Koi-Sauna. Im Werbetext heißt es: »Beobachten Sie die Kois beim Treiben durch das Wasser«. Oh verregge – die arme dode Viecher!

Die 1825 gegründete Universität Karlsruhe ist die älteste Technische Hochschule Deutschlands. Sie wird zu Ehren von Großherzog Friedrich I. auch Fridericiana genannt.

Die Freiwillige Feuerwehr Appenweier zeigt auf ihrem Logo einen der drei baden-württembergischen Löwen, der in einer Flamme steht.

Der Absolvent des Karlsruher Instituts für Technologie KIT Alexander Gerst war Anfang Juni 2018 erster deutscher Kommandant der Internationalen Raumstation ISS, die in einem halben Jahr 2566-mal die Erde umrundete. »Astro-Alex« hatte auch einige seiner Lieblingsgerichte in Konservendosen mit an Bord: Käsespätzle, Maultaschen sowie Linsen mit Spätzle und Saitenwürstchen.

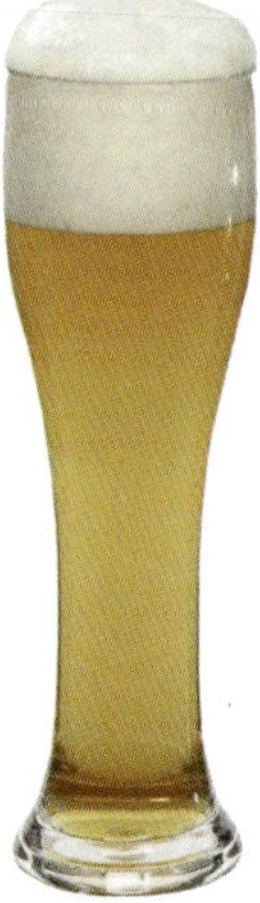

Im Wutachtal gibt es den Fußballverein FC Weizen.

»Liebe fremde Frau, lieber fremder Mann!« Der Bürgermeister von Hardheim begrüßte 2015 Flüchtlinge mit einem detaillierten Leitfaden und klärte die Neuankömmlinge über hiesige Rechte, Pflichten und Gebräuche auf. Manche fanden's gut.

Das badische Nationalgericht. Die Hildabrötchen sind nach der letzten Großherzogin von Baden benannt: Hilda von Nassau. Sie soll sie selbst gebacken und gerne verschenkt haben. Das Feingebäck heißt auf Englisch »Hilda cookies«, auf Hochdeutsch »Linzer Plätzchen« oder auch »Spitzbuben«.

Es gibt sogar ein Hildabrötchen-Rezept für Hunde. Grasdaggl!

Die Tierschutzorganisation PETA kürte 2018 die Veggie-freundlichsten Fußballstadien. Platz 1 ging an Schalke 04 – mit Gerichten wie Tofu-Schaschlik, Gemüseburger, gebackenem Blumenkohl und Bulgursalat. Auf den nächsten Plätzen folgten der FC St. Pauli und RasenBallsport Leipzig. Auf Platz 17 ist die TSG Hoffenheim – dort gibt es für Fans lediglich Pommes, Brezeln und ein paar Snacks.

In Haslach im Kinzigtal gibt es das Besucherbergwerk »Segen Gottes«.

Der Koch und Patissier Julius Zaiser gründete 1899 in Weinheim die Firma »3 Glocken« als »Erste Badische Dampfteig-Fabrik«. 1923 führte er als erster Nudelfabrikant in Deutschland den hochwertigen Hartweizengrieß ein.

Die Nudel. So heißt im Volksmund das höchste Gebäude der Weinheimer Innenstadt – das »3 Glocken Center«. Die ehemalige Nudelfabrik wurde im Jahre 2014 in ein modernes Einkaufszentrum umgestaltet.

So 'ne Flasche! Der »Buhlbacher Schlegel« ist eine dank spezieller Rohstoffmischung besonders druckfeste Flasche mit eingewölbtem Boden. Sie hielt als erste Flasche in Serie dem Sechs-Bar-Innendruck stand und revolutionierte so die Sekt- und Champagnerherstellung.

Die Buhlbacher Glashütte wurde so zur größten und erfolgreichsten im Schwarzwald, da bis dahin Sektherstellern wie Kessler bei der Flaschengärung immer wieder mehr als die Hälfte der Produktion platzte – und sie nun dank der Buhlbacher Erfindung die optimale Lösung fanden.

Durchgedreht. Der 1938 geborene Jürgen Leppert ist ein Karlsruher Original und Betreiber einer Lautsprechermanufaktur. Er ist bekannt als »der Karlsruher Dreher« – weil er auf vielen Festen und Musikevents tanzt und sich dabei immerfort schnell im Kreis dreht.

Mann-o-Mann. In Triberg gibt es Deutschlands ersten Männerparkplatz – auf den Mann nur kommt, wenn Mann schräg an einer Wand rückwärts einparkt.

Nicht hellgelb, nicht dunkelgelb, nicht orange. In der baden-württembergischen Verfassung vom 11.11.1953 legt Artikel 24 Absatz 1 fest: »Die Landesfarben sind Schwarz-Gold«. Schwarz repräsentiert die Landesteile Hohenzollern und Württemberg. Gold steht für Baden. Das sagt doch alles …

Das Mineral- und Moorbad Bad Rippoldsau-Schapbach ist das höchstgelegene im Schwarzwald.

In eine Außenmauer der Heidelberger Heiliggeistkirche sind seit dem ausgehenden 17. Jahrhundert Brezeln unterschiedlicher Größe eingemeißelt – hier boten Bäcker ihre Waren an. So konnte man neben den Ständen gleich überprüfen, ob man übers Ohr gehauen wurde.

Die beliebten Fix und Foxi-Hefte von Ralf Kauka wurden vom Pabel-Moewig Verlag in Rastatt herausgegeben. Ein Plagiat mit pornografischen Comic-Abenteuern der beiden Figuren gibt es auch. Zeichner unbekannt. Der Titel: Fick und Fotzi.

Das Adler-Skistadion in Hinterzarten wurde nach dem Gasthof Adler im Ort benannt, wo Vögel eher im Kochtopf landeten. Der dortige Wirt hat 1924 das entsprechende Gelände zur Verfügung gestellt.

I am watching you! Das Wappen von Bad Krozingen besteht aus einer goldenen Kugel – darüber befindet sich ein von Strahlen umgebenes Gottesauge.

Die Entfernung von Emmendingen zum Südpol beträgt 15 334 Kilometer.

Rauf aufs Treppchen! 380 Medaillen bei Olympischen Spielen, Welt- und Europameisterschaften! 650 Medaillen bei Deutschen Meisterschaften! Der Fecht-Club Tauberbischofsheim zählt zu den erfolgreichsten Sportvereinen weltweit.

Der höchste Weinberg Deutschlands liegt am Hohentwiel, direkt unterhalb der Festungsruine auf 560 Höhenmetern.

Pfinztal ist die einwohnerstärkste Gemeinde Baden-Württembergs ohne Stadtrecht.

Burgunder in klaaine Gleeser genosse, schadet aa in größere Menge ned! Unser sonnenverwöhntes Weinland ist die drittgrößte Weinbauregion Deutschlands und bekannt als Burgunderparadies. Baden zählt zu den bedeutendsten Spätburgunderanbaugebieten weltweit.

Eins, zwei, Test, Test, eins, zwei. Die ADAC-Luftrettung testet seit Frühjahr 2019 für eineinhalb Jahre Elektro-Multicopter mit Drohnentechnik, die senkrecht landen und starten können. Produziert von der Firma Volocopter aus Bruchsal.

Du Bayer? Nein, Dubaier! Volocopter arbeitet seit 2017 als Partner der Dubaier Verkehrsbehörde an autonomen Lufttaxis für den Personenverkehr. Hoffentlich ohne Sand im Getriebe ...

Nur im Winter besetzt. Die höchstgelegene Polizeistation Deutschlands befindet sich am Feldberg an der Passhöhe auf 1235 Metern. Die Polizei ist unter anderem auf Skiern und Motorschlitten im Einsatz.

Der Schwarzwälder Fuchs ist ein Pferd.

Der Schluchsee auf 930 Meter ist der höchstgelegene Talsperrensee Deutschlands. Und mit 5,14 Quadratkilometer der größte Schwarzwaldsee.

Der Karlsruher Erfinder Karl Freiherr von Drais hieß mit vollständigem Namen Karl Friedrich Christian Ludwig Freiherr Drais von Sauerbronn.

Drais war Forstbeamter und erfand 1817 die Draisine, ein lenkbares Laufrad aus Holz – das Ur-Fahrrad. Geschwindigkeiten von mehr als 15 Stundenkilometern waren damit möglich. Die Jugend rief: »Freiherr von Rutsch, zum Fahre kei Kutsch, zum Reite kein Gaul, zum Laufe zu faul.«

Die höchste jemals gemessene Schneemenge im Schwarzwald gab es Anfang März 1970 auf dem Feldberg mit 350 Zentimetern.

Verdrebbl di net! 268 Kilometer und 225 000 Aktive pro Jahr: Der Bodensee-Radweg ist der beliebteste Radweg Europas.

Die »MS Baden« ist 53 Meter lang, Baujahr 1935 – und das älteste aktive Passagierschiff der Weißen Flotte auf dem Bodensee. Sie war das erste Motorschiff mit drei Decks und steht seit 2014 unter Denkmalschutz.

Im Wörld Waid Webb gibt es nur einen einzigen Eintrag zum Begriff Maaikeffer.

Die Park- und Rastplätze entlang der B 31 zwischen Freiburg und Geisingen haben kreative Bezeichnungen in Mundart – zum Beispiel Tschuuderecke, Teufelsschwänzli, Verschnuufeckli, Wiidewiibli, Schatteloch, Gauchenescht, Veschperplätzli, Goschehobel, Himmelriich.

Seebach im Ortenaukreis hat als Wappen keinen See, keinen Bach, sondern eine Tanne auf einem grünen Dreiberg. Über 75 Prozent der Gemeindefläche sind bewaldet.

Seebach hat eine Partnerschaft mit der französischen Gemeinde Ottrott. Die 1551 Einwohner leben in den Dörfern Ottrott-le-Haut, Ottrott-le-Bas und Eichwaeldel.

Kirchzarten hat 2067 Einpendler und 2125 Auspendler.

Nicht von dieser Welt.
Der 1971 in Mannheim geborene christliche Soul- und R&B-Sänger Xavier Naidoo heißt mit zweitem Vornamen Kurt.

Der Club kochender Männer in Gernsbach in der Bruderschaft Marmite verleiht folgende Abzeichen für entsprechende Kochleistungen: Apprenti (Lehrling), Chef de Chuchi (Küchenchef), Maître de Chuchi (Küchenmeister) und Grand Maître de Chuchi (Großküchenmeister).

Eine Stadt Baden gibt es in Österreich, in der Schweiz und in Frankreich.

»Hotzen vom Schwarzwalde« – so nannte man die Bewohner des Hotzenwaldes spottweise wegen ihrer wollenen Pluderhosen. Ein Hotzen war im Mittelalter ein raues Wolltuch.

Der Ingenieur und Automobilpionier Carl Friedrich Benz wurde 1844 im heutigen Karlsruher Stadtteil Mühlburg unehelich geboren als Karl Friedrich Michael Vaillant. Seine Eltern waren eine Dienstmagd und ein Lokomotivführer.

Am 29. Januar 1886 meldete Benz seinen Motorwagen Nummer 1 zum Patent an.

Seine Ehefrau Bertha Benz stammt aus Pforzheim – sie gilt als die erste Autofahrerin der Welt. Im August 1888 fuhr sie mit ihren beiden Söhnen und ohne Wissen ihres Mannes 196 Kilometer von Mannheim nach Pforzheim und zurück. Sie schlug danach vor, Lederbeschläge auf den Bremsbacken zu befestigen – und gilt damit als Erfinderin der Bremsbeläge.

52 Jahre im Schnitt: Die älteste Bevölkerung Badens lebt im Erholungsort Ibach – der kleinsten Gemeinde im Landkreis Waldshut.

Vereinspaziert! Der SC Freiburg ist mit rund 18 000 Mitgliedern der größte Sportverein in Baden.

In Kehl gibt es die Zimmerei Heini Brett.

Einem Badener und einem Schwaben fliegt jeweils eine Mücke ins Weinglas. Der Badener rettet sie vorsichtig, pustet sie trocken und lässt sie wieder fliegen. Der Schwabe fischt sie heraus und schreit sie an: »Bleede Mugg, spuck's aus! Aber älles!«

33 Meter breit. 93 Meter lang. Die besterhaltene antike Therme nördlich der Alpen ist die römische Badruine Badenweiler. Ausgegraben wurden eine Terrassenanlage mit Empfangs- und Umkleideräumen, Kalt- und Warmwasserbecken, Saunen sowie etliche kleine Heizräume.

Im Schwarzwald wurde von den Römern in vielen Minen Silbererz abgebaut – ein Nebenprodukt war Blei, das man zu Platten goss, ausrollte, um ein Rundholz bog, verlötete und damit zu Wasserrohren verarbeitete.

Die Mannheimer Rakete ist schnell – fliegt aber nicht ins All. Es handelt sich um einen musikalischen Effekt – eine Reihe von Tönen, die rasant nach oben steigen und dabei immer lauter werden. Mozart lässt in seiner berühmten Sinfonie Nr. 40 davon gleich mehrere starten.

Hier lässt man nix anbrennen! In Oberkirch im Renchtal gibt es 890 Hausbrennereien. Absoluter Rekord!

Pray and go. Die Autobahnkirche Baden-Baden hat jährlich mehr als 100 000 Besucher.

Typisch badische Nachnamen sind Albrecht, Andris, Bär, Bäuerle, Gremmelspacher, Gutmann, Hauck, Huck, Hügel, Hug, Ketterer, Kunze, Läufer, Lorenz, Maier, Merkle, Reichenbach, Rombach, Schätzle, Scherer, Schmidt, Schuler, Schweizer, Wehrle, Winterhalter, Wirbser und Zipfel. Viele Namen orientieren sich an Berufsbezeichnungen (Bauer, Metzger, Müller, Weber) oder drücken die Herkunft aus.

3000 Tribünenplätze. Zeitmessanlage. Videoleinwand. 200 Meter Rundbahn. 3000 Quadratmeter großes Infield. In Geisingen gibt es Deutschlands erste überdachte Inline-Arena.

Anderswelt. Auf der Yburg bei Baden-Baden, oberhalb des Weinortes Varnhalt, soll 1594 Markgraf Eduard Fortunat eine Alchemistenwerkstatt betrieben und sich an schwarzer Magie versucht haben.

Heiße Sache! Im Graf-Eberstein-Schloss in Gochsheim befindet sich mit mehr als 1300 Exemplaren die weltweit größte Bügeleisensammlung.

Straubenhardt – geteilt und doch vereint. Die Teilorte Conweiler, Feldrennach, Ottenhausen und Schwann sind württembergisch, der Ortsteil Langenalb ist badisch.

Einfach Zucker! Der Mechaniker und Goldschmied Christian Ferdinand Oechsle wurde 1774 in Buhlbach bei Baiersbronn geboren. Er hat eine Methode erfunden, mit der noch heute das Mostgewicht in Grad Oechsle gemessen wird.

Oechsle führte die praktisch ablesbare Gradeinteilung auf den Mostwaagen ein. Die Öchslegrade geben an, wie viel Gramm ein Liter 20 Grad warmer Saft mehr wiegt als ein Liter gleich warmes Wasser. Daraus kann dann der Zuckergehalt und somit der zu erwartende Alkoholgehalt nach der Gärung berechnet werden.

Das ehemalige größte Nylonfaserwerk Europas, Invista in Östringen, war der weltweit erste Anwender und zugleich Entwicklungsplattform für die Unternehmenssoftware der Firma SAP.

In Baden spricht man Badisch. Genauer gesagt, eine der folgenden Dialektgruppen: Kurpfälzisch, Südfränkisch, Niederalemannisch, Mittelalemannisch, Hochalemannisch, Schwäbisch oder Ostfränkisch.

Wolfgang Schäuble gehört der Schülerverbindung Arminia Offenburg an.

Seit dem Attentat in einer Gaststätte im Jahre 1990 ist Schäuble vom dritten Brustwirbel an abwärts gelähmt. Der Tatort wurde 2001 umgewandelt in ein Heim für betreutes Wohnen für Senioren und Pflegebedürftige.

Als Schwabenweg bezeichnet man den Abschnitt des Jakobswegs von Konstanz zum Wallfahrtsort Einsiedeln in der Schweiz. Vorwiegend Schwaben pilgerten schon im Mittelalter vom Bodensee aus durch den Kanton Thurgau und das Züricher Oberland, vorbei am Zürichsee, über den Etzelpass zum Kloster Einsiedeln. Die hams nötig!

Trau dich! Im Triberger Hotel Wehrle befindet sich auf nur vier Quadratmetern das allerkleinste Standesamt Deutschlands.

In Oppenau befindet sich die erste Bergrennstrecke im Schwarzwald für Radsportler mit kostenlosen Zeitnahme-Stationen. Vom »Renchtal-Stoppomat« aus müssen auf der 7,2 Kilometer langen Radrennstrecke 655 Höhenmeter überwunden werden – bei einer maximalen Steigung von 18 Prozent. Die Mountainbike-Strecke hat 720 Höhenmeter, bis zu 20 Prozent Steigung und ist 11 Kilometer lang.

Der Titisee ist der größte natürliche See im Schwarzwald.

Große Teile Badens gehörten bis zu Beginn des 19. Jahrhunderts zu Vorderösterreich – deshalb gibt es auch hier eine Linzertorte: die Badische Linzertorte. Sie wird im Gegensatz zur österreichischen Version (die traditionell mit Marmelade aus roten Johannisbeeren gefüllt ist) mit Himbeermarmelade gemacht.

Das älteste Tortenrezept der Welt beschreibt die Herstellung der Linzertorte in einem Kochbuch von 1653. Es hat den Titel »Buech von allerley Eingemachten Sachen, also Zuggerwerckh, Gewürtz, Khütten und sonsten allerhandt Obst wie auch andere guett und nützlich Ding etc. Durch die Frau Anna Margarita Sagramosin, geborne Gräffin Paradeiserin, mit grossen Fleisß mühe arbeit wie unkosten, vil Jar nach einander zusamen, geklaubt und beschreiben lassen«.

Die Kraichgaubahn ist eine 64,8 Kilometer lange Eisenbahnstrecke von Karlsruhe über Bretten und Eppingen nach Heilbronn. Sie war die erste Zweisystem-Stadtbahnstrecke der Welt.

Der 1. Badener Beachvolleyballverein spielt in Baden, Österreich.

Labbvoll Wasser? Moderator Jan Haselhofer von baden.fm hat auf der Messe Freiburg einen neuen Weltrekord im Unterwassermoderieren aufgestellt. Im Taucheranzug mit eingebautem Helm-Mikro blieb er insgesamt 5:21 Stunden im kühlen Nass.

Silvia Renate Sommerlath, Königin von Schweden, wurde 1943 in Heidelberg geboren – einen Tag vor Weihnachten. Sie spricht neben Deutsch und Schwedisch auch Englisch, Französisch, Portugiesisch, Spanisch sowie die Schwedische Gebärdensprache.

Sie heiratete den schwedischen König Carl XVI. Gustav am 19. Juni 1976. Einen Tag vorher hatte die schwedische Popgruppe ABBA das Lied »Dancing Queen« uraufgeführt – zu Ehren des Brautpaars.

In Karlsruhe und in Mannheim gibt es einen »Klub Langer Menschen«. Der Monatsbeitrag beträgt zwischen 2,50 und 5,00 Euro. Mitglied werden können Frauen mit mindestens 1,80 Meter und Männer mit mindestens 1,90 Meter Körperlänge. Die Mitgliederzeitung heißt »Große Glocke«.

Das zugelassene Höchstabfluggewicht der Flugzeuge auf dem Flugplatz Kehl-Sundheim beträgt 1250 Kilogramm.

Gips her! Die Gipsgrube Obrigheim ist die älteste und größte Untertagegipsgrube in Deutschland. Seit 1847 gips da Gips.

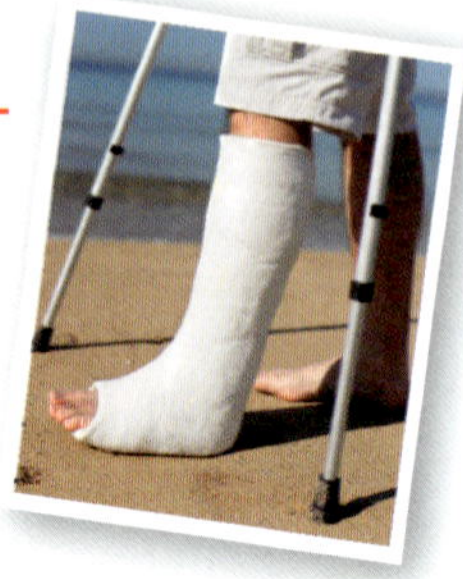

Freiburg ist nicht nur die südlichste Großstadt Deutschlands, sondern auch die wärmste – mit 1832 Sonnenstunden im Jahr.

Friedrich Hecker (geboren 1811 in Eichtersheim) gilt als Anführer der einzigen deutschen Revolution von 1848. Die Badische Revolution, die er unterstützen wollte, wurde am 23. Juli 1849 niedergeschlagen. Hecker emigrierte in die USA und kämpfte während des Sezessionskrieges (1861–1865) als Offizier eines deutschen Freiwilligenregiments in der Armee der Nordstaaten.

»Forty-Eighters« – so nannte man in den USA deutsche Revolutionsimmigranten wie Hecker. Ab 1856 setzte er sich für die Abschaffung der Sklaverei und die Wahl Abraham Lincolns zum Präsidenten ein.

Bienchen, Bienchen! Der Landesverband Badischer Imker hat seinen Sitz in Fischerbach. Ein Kreisvertreter heißt Vogeltanz. Einfach tierisch.

Max Himmelheber hat 1932 die Spanplatte erfunden. Er wurde 1904 in Karlsruhe geboren und starb im Jahr 2000 in Baiersbronn. Ein Badener, der nix verkommen lässt …

Der Greif ist das Wappentier von Baden. Das Fabelwesen hat den Rumpf eines Löwen und den Vorderleib eines Adlers. Sein Adlerkopf hat Ohren, er besitzt Flügel und an seinen vier Beinen Krallen. Der Greif gilt unter anderem als der Herrscher über Himmel und Erde, weil er aus dem König der Lüfte und dem König der Tiere zusammengesetzt ist.

Der Greif steht für Wachsamkeit, Kommunikationsfähigkeit und Klugheit. Er ist einer der beiden Schildhalter im Großen Wappen von Baden-Württemberg. Etliche Unternehmen und Vereine verwenden seinen Namen oder tragen ihn im Logo.

Das 1981 gegründete Polizeimusikkorps Karlsruhe ist mit über 60 Musikern das größte Polizeiorchester Deutschlands.

Am Feldberg gibt es 38 Lifte sowie 23 gespurte Loipen.

Müllheim hat einen Recyclinghof, eine Grüngut-Sammelstelle, 14 Glascontainer sowie 6800 Restmülltonnen und 4300 Biotonnen.

Sepp Herberger wurde am 28. März 1897 in Mannheim-Waldhof geboren. Er wurde als Trainer 1954 Fußball-Weltmeister – den »Sieg von Bern« betrachten viele als das eigentliche Gründungsdatum der 1949 entstandenen Bundesrepublik Deutschland.

Badischer Geniewinkel. Den Beinamen verdankt Meßkirch seinen bekanntesten Söhnen und Töchtern – wie Martin Heidegger (Philosoph), Katharina von Zimmern (Züricher Fürstäbtissin), Anton Gabele (Volksschriftsteller), Conrad Gröber (Freiburger Erzbischof), Friedrich Stärk (Komponist und Musikdirektor bei Walt Disney), Graf Froben Christoph von Zimmern (Hofmaler, bekannt als »Meister von Meßkirch«).

Der Actionthriller »Lola rennt« aus dem Jahr 1998 beginnt mit Zitaten von Sepp Herberger.

Im Münster von Überlingen hängt eine schwedische Kanonenkugel aus der 23 Tage langen Belagerung der Stadt durch die Skandinavier im Jahr 1634.

Das älteste in Stein gehauene badische Wappen (um 1288) befindet sich in der Friedrichstraße 68 in Kuppenheim – es stammt vom ehemaligen unteren Stadttor.

Die Freiwillige Feuerwehr Breisach zählt zu den ältesten Feuerwehren Deutschlands – sie wurde 1860 gegründet und bestand aus 136 Mann. Sonntagvormittags während der Gottesdienstzeiten wurden Ausbildungsübungen gemacht. Man trug Lederhelme – weil Blechhelme zu teuer waren.

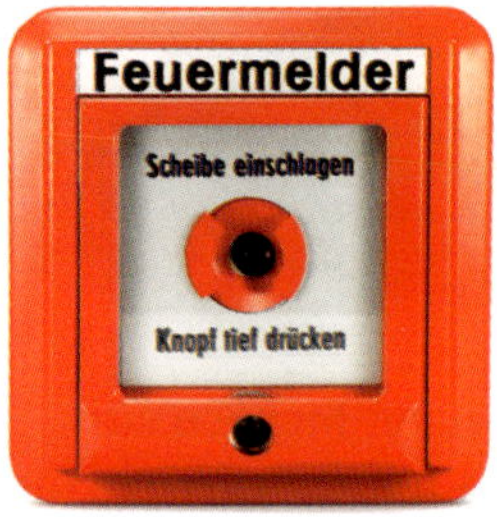

Der niedrigste Punkt des Landes ist der Rheinpegel bei Mannheim mit 85 Metern über dem Meeresspiegel.

Rheindrucksvoll! Der badische Ingenieur Johann Gottfried Tulla führte im 19. Jahrhundert die Rheinbegradigung durch, vor allem um die Schiffbarkeit zu verbessern. Das Flussbett wurde vertieft, Dämme wurden gebaut und neue Siedlungsflächen wurden gewonnen.

Auch sollte wegen des Rückbaus der vielen Feuchtwiesen und Flussauen mit den darin vorkommenden Mücken unter anderem die Malaria (Sumpffieber) zurückgedrängt werden. 1828 starb Tulla an den Folgen ... einer Malariaerkrankung. Auf dem Friedhof Montmartre in Paris befindet sich sein Grab mit der französischen Übersetzung seines Namens: Jean Godefroy Tulla.

Bruchsal hat insgesamt 10 Kreisverkehre – man nennt sich also nicht umsonst »Große Kreisstadt« ...

Zur Libelle sagt man auch Bachnoodle, Augebohrer, Deifelsnoodle, Schillebolde, Hornisnoodle, Wasserwiibli, Eelnoodle oder Seejumpfere.

Das größte Tattoo der Welt! Tätowierer Marc Lu aus Tengen alias »Little Swastika« stach mit drei Helfern in nur 33 Stunden ein einziges Tattoo – über 10 Rücken! Die ham nen Stich ...

Der 1763 in Walldorf bei Heidelberg geborene Johann Jakob Astor verließ in jungen Jahren aus wirtschaftlicher Not Baden und wurde durch Pelzhandel und Immobilien der erste Multimillionär Amerikas.

Er war der Begründer der Astor-Familie. Seine Nachfahren gründeten unter anderem Ende des 19. Jahrhunderts das erste Waldorf-Astoria-Hotel, in dem auch der weltberühmte Waldorfsalat kreiert wurde. Heute befindet sich dort das Empire State Building.

Das zweite Waldorf-Astoria-Hotel steht seit 1931 an der Park Avenue. Es galt seinerzeit nicht nur als das größte, sondern mit 190 Metern auch als das höchste Hotel der Welt.

Joachim Löw spielte als Stürmer für die badischen Vereine TuS Schönau 1896, FC Schönau 08, SC Freiburg und den Karlsruher SC – und schoss bei jedem Verein viele Tore. Als er beim VfB Stuttgart anheuerte, stand am Ende für die Schwaben folgende Torausbeute: 0 Tore.

Auf dem Bad Wimpfener Wappen ist ein Vogel abgebildet – mit einem Schlüssel durch den Kopf. Die Originalbeschreibung lautet: In Gold der rotbewehrte schwarze Reichsadler mit einem waagerechten silbernen Schlüssel im Schnabel. Im Schnabel? Durch den Schädel! Da hätte sich der Grafiker ruhig a bissle mehr Mühe gebe können ...

Der badische Graffiti-Künstler Christian Krämer alias DOME reist für Aufträge um die ganze Welt: Brasilien, Italien, New York, Miami. Er arbeitet unter Brücken, an Hauswänden sowie auf Papier und Leinwand. Beim Jugendzentrum in Daxlanden machte er seine ersten Sprayversuche.

Der Bodensee – ist mit 572 Quadratkilometer Fläche einer der größten Süßwasserseen der Welt.

Der Tierpark Bretten ist der größte Streichelzoo Deutschlands.

Der Planetenweg Durmersheim bildet auf einer Strecke von zehn Kilometern unser gesamtes Sonnensystem ab – im Maßstab 1 zu 1 Milliarde: von der Sonne vor dem Rathaus mit 1,4 Meter Durchmesser über die 1,3 Zentimeter große Erde in 150 Metern Abstand bis zum Zwergplanet Eris, der sich in Mothern auf der anderen Seite des Rheins in Frankreich befindet. Ein Meter Wegstrecke entspricht einer Million Kilometer.

Johann Carl Weck kaufte 1895 ein Patent dem Chemiker und Erfinder des Verfahrens Rudolf Rempel ab – weil er so als Antialkoholiker und Vegetarier eine Möglichkeit fand, Früchte ohne Alkohol haltbar zu machen. Weck gründete am 1. Januar 1900 in Öflingen das Unternehmen J. Weck u. Co.

Das Wort »Einwecken« hat Eingang in den allgemeinen Sprachgebrauch gefunden, steht im Duden und darf von jedermann verwendet werden. Da der Name »Einweck« jedoch markenrechtlichen Schutz genießt, dürfen nur die Gläser und Gummiringe der Firma Weck als Einweckgläser oder Einweckringe bezeichnet werden.

Schwarzwälder Schinken ist eine geschützte Bezeichnung. Schwarzwälder Speck nicht. Das Fleisch für die Schinken muss nicht aus dem Schwarzwald stammen, aber hier verarbeitet werden.

Ein architektonisches Meisterwerk. Das Freiburger Münster hat den einzigen gotischen Kirchturm in Deutschland, der noch im Mittelalter vollendet wurde. Wie viele Historiker sagen: der schönste Turm der Christenheit.

Witzige badische Ortsnamen: Aasen, Biederbach, Faulenfürst, Gupf, Himmelreich, Käfertal, Lausheim, Muggensturm, Nonnenweier, Nuttingen, Rieselfeld, Schielberg, Schwäblishausen, Seppenhofen, Sexau, Titisee, Umweg.

Titan. Der in Karlsruhe geborene dreimalige Welttorhüter Oliver Kahn heißt mit zweitem Vornamen Rolf.

Der rätselhafte Kaspar Hauser tauchte 1828 in Nürnberg als etwa 16-jähriger geistig Verwirrter auf und behauptete von klein auf bei Wasser und Brot gefangen gehalten worden zu sein. Einem Gerücht nach soll er der 1812 geborene Erbprinz von Baden sein, den man beiseitegeschafft habe, um einer Nebenlinie des Fürstenhauses die Thronfolge zu ermöglichen.

Drei der 44 deutschen UNESCO-Welterbestätten befinden sich im Badnerland: der Obergermanisch-Raetische Limes, die Pfahlbauten am Bodensee sowie die Klosterinsel Reichenau.

Affenarsch! Im 15. Jahrhundert zeigte ein Affe auf der Neckarbrücke mit dem Griff an sein Richtung Kurmainz gerichtetes Hinterteil den »Kurpfälzischen Gruß«. Durch den Heidelberger Brückenaffen machten die Einheimischen deutlich, dass ab diesem Punkt die Macht des hiesigen Kurfürsten galt und nicht die der Mainzer Bischöfe. Heute sitzt ein neuer Affe da.

Schluck! Die witzigsten Biersorten der Brauerei Waldhaus heißen Diplom Pils, Frei Bier, Ohne Filter oder Hopfensturm. Von 2011 bis 2013 wurde auch Fucking Hell gebraut – benannt nach der österreichischen Ortschaft Fucking.

Der hat doch ein Rad ab! Ende November 2018 wurde auf der A 5 bei Malsch ein Polizeiauto mit Tempo 130 überholt – von einem Auto auf nur drei Reifen. Der 25-Jährige durfte dann nach einem kurzen Halt auf vier Rädern weiterfahren – hinten im Peterwagen.

Viele Sagen und Erzählungen berichten von der Flößerei im Nordschwarzwald. Die wohl bekannteste ist die vom Holländermichel in »Das kalte Herz« von Wilhelm Hauff.

Das Wappen von Böllen zeigt nur drei Elemente in drei Farben: Himmel, Gras und einen gelben Berg. Es soll der Belchen sein.

Die Landesvereinigung Baden in Europa e.V. sammelt vermeintliche Ungerechtigkeiten, die dem badischen Landesteil widerfahren.

Zuletzt prangerte der Verein die ungerechte Verteilung von Fördergeldern an sowie die Pläne des baden-württembergischen Verkehrsministeriums, die neuen Züge auf der Rheintalbahn in Schwarz-Gelb und mit Löwen zu verzieren.

Scheiden tut weh. Die europäische Wasserscheide verläuft auf dem Schwarzwald-Höhenrücken durch Furtwangen. Der Ortsteil Neukirch entwässert Richtung Rhein und Nordsee, das Stadtgebiet und die übrigen Ortsteile entwässern Richtung Donau und Schwarzes Meer.

Tatühaha! Die Lörracher Polizei wurde von Anwohnern per Notruf zu einem Mehrfamilienhaus gerufen, aus dem lautstarkes Geschrei zu hören war. Ein Mann hatte sich über den Papagei seiner Freundin aufgeregt und war dann mit dem Vogel selbst intensiv in Streit geraten. Sachen gibt's …

3 Millionen Zigaretten täglich: Batschari aus Baden-Baden war die erste Zigarettenfirma Deutschlands. Da biste paff.

Karlsruhe hat 27 Stadtteile, 17 Landschaftsschutzgebiete und ist mit rund 315 000 Einwohnern auf einer Fläche von 173,46 Quadratkilometern die größte Stadt Badens. Der Radverkehr hat einen Anteil von 24 Prozent.

Der russische Schriftsteller Dostojewski wohnte mit seiner Frau ab 1863 für einige Zeit in Baden-Baden – und verfiel der Spielsucht. Zeitweise war bis zum letzten Kleid und den beiden Eheringen alle ihre Habe beim Pfandleiher. Sein Roman »Der Spieler« erinnert an diese Zeit.

Im Tauberbischofsheimer Raum wird die so genannte taubergründische Mundart gesprochen, ein ostfränkischer Dialekt.

500 Kilometer. Von Nord nach Süd. Die Badische Weinstraße führt von Laudenbach bis nach Weil am Rhein und ist die längste Weinroute Deutschlands. Da fährt man viele Schlangenlinien …

Hirschlanden hat mit Hirschbräu die kleinste Zollbrauerei Deutschlands.

Gib Gummi. In Philippsburg betrieb Goodyear Dunlop Tires Germany das größte Reifenlager Europas.

Im Offenburger Gasthaus Salmen trafen sich am 12. September 1847 die »Entschiedenen Freunde der Verfassung« und formulierten den ersten Grundrechtekatalog Deutschlands.

In Artikel 2 hieß es: »Wir verlangen Preßfreiheit; das unveräußerliche Recht des menschlichen Geistes, seine Gedanken unverstümmelt mitzuteilen, darf uns nicht länger vorenthalten werden.«

Artikel 5 lautete: »Wir verlangen persönliche Freiheit. Die Polizei höre auf, den Bürger zu bevormunden und zu quälen. Das Vereinsrecht, ein frisches Gemeindeleben, das Recht des Volkes sich zu versammeln und zu reden, das Recht des Einzelnen sich zu ernähren, sich zu bewegen und auf dem Boden des deutschen Vaterlandes frei zu verkehren – seien hinfüro ungestört.«

Wappenhattendudennda? Baumsterben? Tannenbaumklau? Normalerweise würde man auf einem Wappen keine kaputten oder negativ anmutenden Dinge zeigen. Aber der Ort dazu heißt: Holzschlag. Das passt!

Im Fundament des Hotels »Bell Rock« im Europapark Rust befindet sich ein Trikot der Deutschen Fußballnationalmannschaft.

Der SC Todtnau ist der älteste noch existierende deutsche Skiclub – er wurde 1891 gegründet.

Die Insel Mainau ist eine der Hauptattraktionen am Bodensee mit jährlich bis zu zwei Millionen Besuchern. Die mit 45 Hektar Fläche drittgrößte Insel im Schwäbischen Meer wird wegen ihrer reichen subtropischen Vegetation auch Blumeninsel genannt.

Auf der Insel Mainau heiraten jedes Jahr rund 100 Paare.

Angeber! Im Schloss Favorite Rastatt wurden im 18. Jahrhundert Gäste durch eine Schauküche geführt, um zeigen zu können, was man so hat. Feuer und Ruß gab es hier nie. Blitzendes Geschirr, Besteck sowie sorgsam aufgereihte Kupfertöpfe sollten Fleiß, Ordnung und Sauberkeit präsentieren.

Mit 203,70 Metern ist die im 18. Jahrhundert gebaute Holzbrücke zwischen Bad Säckingen und Stein in der Schweiz die längste gedeckte Holzbrücke Europas. Auf Höhe der Flussmitte markiert eine weiße Linie die Staatsgrenze.

Diese Rheinbrücke hatte seit dem 13. Jahrhundert bereits acht Vorgängerbrücken.

Wenn es im Sommer in Baden 14 Uhr ist, ist es in Nepal 17:45 Uhr.

Gebeutelt. 2010 nahm die Europäische Raumfahrtbehörde ESA erstmals eine Weiterentwicklung des Capri-Sonne-Trinkpacks aus Eppelheim mit ins All – als Getränkeverpackung für die Astronauten auf der Internationalen Raumstation ISS.

Alfred Biolek studierte in Freiburg Jura. Der deutsche Talkmaster, Produzent und Buchautor sagte im Ruhestand: »Ich wollte Priester werden, Zirkusdirektor oder Dirigent. Und ich bin von allem etwas geworden.«

Gemäß »Wasch- und Reinigungsmittelgesetz« ist das Wasser der Gemeinde Marxzell mit 7,0 dH (Grad deutscher Härte) dem Härtebereich »weich« zuzuordnen. Nur im Ortsteil Burbach kommt hartes Wasser aus den Hähnen – mit dem Härtegrad 19 dH.

Little Ben. 24 Glocken im Buchener Stadtturm sorgen seit 2015 für musikalische Unterhaltung. Dreimal täglich gibt es eine von 50 Melodien auf die Ohren. Eine kleine Hörenswürdigkeit.

Freiburg heißt auf Englisch Freiburg, auf Französisch Fribourg-en-Brisgau, auf Polnisch Fryburg und auf Italienisch Friburgo di Brisgovia.

Über die berühmte steinerne Karl-Theodor-Brücke in Heidelberg laufen rund 14 Millionen Beine pro Jahr.

Nachdem König Otto III. am 22. Dezember 994 bei Sasbach einen Gerichtstag abgehalten hatte nannte man den Gebirgszug Königsstuhl. Nach seiner Krönung zum Kaiser im Mai 996 wurde daraus der Kaiserstuhl.

Liquido war eine Popband aus Neckargemünd, die vor allem durch den Song »Narcotic« international große Erfolge feierte. 2009 hawwe se sich verflüssigt.

Nur wer in Freiburg geboren ist und mit Dreisamwasser getauft wurde, ist ein Freiburger Bobbele. Das Elisabeth-Krankenhaus stellt sogar Bobbele-Urkunden aus.

Weiße Seerosen und gelbe Teichrosen werden im Volksmund »Mummeln« genannt. So kam der Mummelsee zu seinem Namen.

Das Wunder vom Wildpark. So wird das Europapokal-Rückspiel des KSC vom 2. November 1993 bezeichnet, das gegen Valencia sensationell mit 7 : 0 gewonnen wurde. Es spielten: Oliver Kahn, Michael Wittwer, Slaven Bilić, Dirk Schuster, Rainer Schütterle (Dirk Klinge), Eberhard Carl, Wolfgang Rolff, Manfred Bender, Waleri Schmarow, Edgar Schmitt (Rainer Krieg), Sergei Kirjakow. Trainer war Winfried Schäfer.

Sankt Georgen liegt an der Rhein-Donau-Wasserscheide und wird schon seit dem Mittelalter als »Scheitel Alemanniens« bezeichnet.

Sehr kreativ. Der Name des Pfinztaler Maskottchens wurde durch einen Wettbewerb gefunden – und daraufhin Pfinzi getauft. Es ist ein Drache, weil die Fläche der bebauten Gebiete dem Fabelwesen ähneln soll.

Ein Hauch von Alaska. Zur ersten Schlittenhunde-Weltmeisterschaft 1994 in Deutschland kamen nach Todtmoos 41 200 Zuschauer. Wau!

Du Seckel! Der Spitzname der Pforzheimer ist tatsächlich Seckel – es gibt sogar den Pforzheimer Seckel als Bronzefigur auf dem Rathausplatz.

Wenn seinerzeit die Goldschmiede ihre Säckel voll Geld hatten, waren sie zufrieden. War der Verdienst nicht so gut, waren die Säckel nur halbvoll. Darum ist Seckel auch heute noch eher ein Lob – und Halbseckel hingegen ein echtes Schimpfwort.

Auf dem Freiburger Hausberg Schauinsland gibt es das Schullandheim Luginsland.

Bulldog – der berühmteste Ackerschlepper! Heinrich Lanz, der Hersteller von Landmaschinen, Lokomobilen und stationären Dampfmaschinen vermachte nach seinem Tod vier Millionen Goldmark den Kranken und Armen der Stadt Mannheim. Er ließ ein Krankenhaus bauen und ermöglichte die Gründung der Heidelberger Akademie der Wissenschaften.

So wurden badische Ortschaften vor über 1000 Jahren geschrieben: Wizia (Weizen), Lutinge (Luttingen), Birchinga (Birkingen), Tezzilnheim (Detzeln), Luzheim (Lausheim), Tuoingen (Tiengen), Pirithorf (Birndorf), Tuotelingun (Dietlingen).

Ich hab den Master in Hartz IV. In Mannheim hat die Bundesagentur für Arbeit eine eigene Hochschule.

Es gibt weltweit nur eine einzige Stadt mit dem Namen Mannheim.

Das macht einen ja rasend! Auf der 570 Meter langen Gründlebahn im Hirschgrund bei Wolfach geht es in 83 Metern Höhe über Fichten und Tannen – von der einen auf die andere Seite der Schlucht. Mit bis zu 60 km/h ist man auf der längsten Natur-Zipline Deutschlands unterwegs. Insgesamt gibt es in der »Hirschgrund Zipline Area Schwarzwald« sieben »Flugstrecken« zu bewältigen. Da kann man sich mal so richtig hängen lassen.

Hi honey! Das Bienenmuseum Münstertal zeigt auf über 800 Quadratmetern eine beeindruckende Schau mit lebenden Bienen sowie hunderten Ausstellungsstücken aus aller Welt. Von der Steinzeit bis in die Gegenwart. Es ist das größte Museum dieser Art in Europa.

In Weinheim spricht man Woinemerisch.

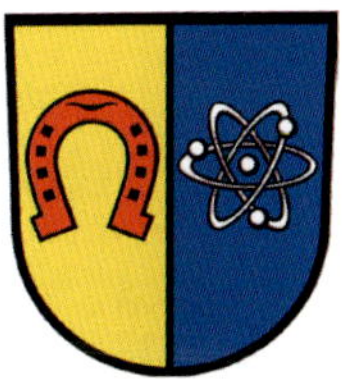

Eggenstein-Leopoldshafen hat ein Wappen, auf dem ein Hufeisen und ein Atomsymbol abgebildet sind. Weltweit gibt es insgesamt 14 Städte mit Elektronen, Ellipsen und Atomkernen im offiziellen Stadtwappen.

540 Quadratkilometer Eis! Der kälteste Winter im 20. Jahrhundert bescherte dem Bodensee am 6. Februar 1963 die letzte komplette »Seegfrörne«. Er war auf seiner gesamten Breite von 14 und seiner Länge von 60 Kilometern komplett zugefroren.

Seit 1573 wird bei jeder Seegfrörni die hölzerne Büste des Apostels und katholischen Weinheiligen Johannes in einer Prozession mit tausenden Beteiligten wechselseitig von Hagnau ins schweizerische Kloster Münsterlingen über das Eis getragen – und erst bei der nächsten Seegfrörni wieder zurück.

600 Höhenmeter Aufstieg: Am 8. Februar 1891 hat der französische Diplomat Raymond Pilet als erster den Feldberg auf Skiern erklommen. Das Gästebuch des Feldberger Hofs verzeichnete folgenden Eintrag: »R. Pilet, Dr. jur., Heidelberg - auf norwegischen Schneeschuhen.« Die Einheimischen hielten ihn für einen verleideten Fastnachtsnarren.

In Baden eine ernstzunehmende Beleidigung: Du Schwabe!

Das ist kein Murgs! Es gibt ein Murgtal im Nordschwarzwald und ein Murgtal im Südschwarzwald. Im Nordschwarzwald fließt die Murg und im Südschwarzwald eine andere Murg – zur besseren Unterscheidung Obere Murg genannt.

»Wir Badener brauchen die Schwaben, denn nur durch sie können wir uns perfekt definieren: Wir sind nicht so wie die.« Harald Hurst

Da ist noch keiner getürmt. Der 58 Meter hohe Blaue Turm ist das Wahrzeichen von Bad Wimpfen – dort gibt es seit 650 Jahren ununterbrochen einen Türmer oder eine Türmerin.

300 000 Besucher pro Jahr. Mit oder ohne Bällchen. Der Belchen zählt zu den beliebtesten Ausflugszielen im Südschwarzwald.

Sänger und Songwriter Max Mutzke wurde 1981 in Waldshut-Tiengen geboren als Maximilian Nepomuk Mutzke. Er ist Sohn einer Schauspielerin und eines Gynäkologen.

Franz von Fick, der letzte Grundherr des Ortes Angeltürn bei Boxberg, überließ 1879 der Gemeinde das Ficksche Schloss ... zur Verwendung als katholische Kirche mit Pfarrei.

Neulingen hat 6666 Einwohner.

Hasch scho widder aainer fahre lasse? Motorjournalist Andreas Dick hat in Freiburg einen Weltrekord im Straßenbahn-Fahren aufgestellt. Ende Dezember 2018 durchfuhr er in 4 Stunden und 22 Minuten das gesamte Freiburger Liniennetz. Sein Sohn hatte ein Buch über Rekorde gelesen und ihn gefragt, welche Höchstleistungen er denn vorzuweisen hätte. So kam er auf diese Idee.

Am 15. März 2010 entdeckte Erwin Schwab den Hauptgürtelasteroid 243536 und nannte ihn Mannheim.

Die Triberger Wasserfälle im mittleren Schwarzwald sind die höchsten Deutschlands. Das Wasser stürzt sich über mehrere Stufen 160 Meter den Berg hinunter.

Das Wappen von Bretten sieht aus wie das weiß-blaue Wappen von Bayern.

Der Berg, auf dem sich Breisach befindet, lag bis zur Rheinkorrektur 1817 durch Johann Gottfried Tulla bei Hochwasser mitten im Rhein.

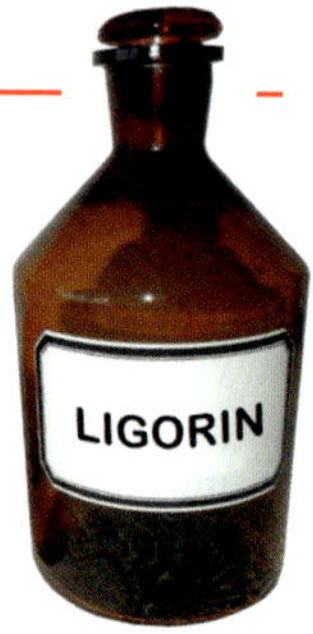

Die Stadt-Apotheke in Wiesloch gilt als die erste Tankstelle der Welt. Dort kaufte Berta Benz 1888 auf ihrer ersten Autofahrt Mannheim–Pforzheim–Mannheim den nötigen Treibstoff Ligroin.

Das größte jemals gefüllte Fass der Welt steht im Heidelberger Schloss. Ins berühmte Riesenfass passen exakt 221 726 Liter Wein. Es ist neun Meter lang und hat einen Durchmesser von sieben Metern.

Das Heidelberger Fass wurde einst vom Hofnarren Perkeo bewacht, den Kurfürst Karl Philipp 1718 aus Tirol mitbrachte und zum Fasswächter machte. Als er den Kleinwüchsigen fragte, ob er alles alleine austrinken könne, sagte dieser: »Perché no« (warum nicht) – so kam er zu seinem Namen. Ein aufs Fass blickendes Denkmal erinnert an ihn. Perkeo soll an einem Schluck Wasser gestorben sein …

In Karlsruhe gibt es das Bestattungsunternehmen Erb.

Salve! Das Kastell Osterburken war ein römisches Militärlager am Obergermanisch-Rätischen Limes. Die stationierte Einheit hieß: Cohors III Aquitanorum equitata civium Romanorum.

Die größte Kuckucksuhr der Welt steht in Triberg. Sie ist 60 Mal so groß wie das Original – 15 Meter hoch und kann auch von innen besichtigt werden. Der 450 Zentimeter lange Kuckuck wiegt 150 Kilogramm. Das Uhrwerk ist 6 Tonnen schwer. Die Bauzeit betrug 5 Jahre.

Modellbahnzubehör-Hersteller Faller bietet ein Bausatz-Modell der weltgrößten Kuckucksuhr im Maßstab 1 : 87 an – inklusive funktionierendem Uhrwerk und stündlich sich öffnendem Fenster mit Figur.

Kriegsinvaliden hatten früher oft nur die Möglichkeit, auf der Straße Geld zu verdienen – so entstanden in vielen Gegenden eine Art Infoblätter. 1804 wurde in Lahr das erste Exemplar verkauft mit dem Titel »Lahrer Hinkender Bote«. Heute gibt es das Produkt immer noch – mit vielen nützlichen Tipps, einem Kalendarium, Bauernregeln, Infos zu Fest- und Feiertagen sowie Geschichten und wichtigen Ereignissen.

Im Telefonbuch von Waldbronn gibt es bei den Familiennamen 1x Baum, 2x Hirsch, 3x Bär, 6x Fuchs, 2x Wolf, 1x Adler, 1x Hund und 1x Katz.

Die Entfernung von Rheinfelden zum Nordpol beträgt 4732 Kilometer.

1820 führte der württembergische König Wilhelm I. schwarze chinesische Meishan-Schweine ein – die älteste Rasse der Welt. Durch Kreuzung mit einheimischen Rassen entstand das Schwäbisch-Hällische Landschwein, auch Mohrenköpfle genannt.

Drehwurm gefällig? Chris Böhm, der in Lörrach lebende erfolgreichste BMX-Athlet im deutschsprachigen Raum, schaffte innerhalb von 30 Sekunden sagenhafte 38 Umdrehungen mit dem Hinterrad – und damit einen neuen Guinness-Weltrekord im »Gyrator-Spin«.

Mitten im badischen Freiburg gibt es das Schwabentor, die Schwabentorbrücke, die Schwabentorgarage sowie den Schwabentorring. Und einen einzigen »Schwabe« im Telefonbuch.

Vorhair, Nachhair. Der in Todtnau im Schwarzwald geborene Karl-Ludwig Nessler hat 1906 die Dauerwelle erfunden. Der Friseur hatte bereits zwei Jahre vorher künstliche Wimpern entwickelt und diese in Deutschland, Frankreich und Argentinien erfolgreich verkauft. Haarbracadabra!

Boooah! Der anerkannte Erholungsort Durbach erstreckt sich über 14 Kilometer, hat 47 Dörfer und Weiler, 42 Seitentäler, hat die meisten privaten Weingüter in Baden-Württemberg, beherbergt die größte Anbaufläche für Savignin Rosé – und ist die höchstprämierte Weinbaugemeinde Europas.

Schwarzwald heißt auf Afrikaans »Swartwoud«, auf Chinesisch »Hēi sēnlín«, auf Isländisch »Svartiskógur«, auf Japanisch »Kuro no mori«, auf Niederländisch »Zwarte Woud«. Und auf Hawaiianisch »ele ele nahele«.

Mauenheim ist das erste Bioenergiedorf Baden-Württembergs.

Mein Name ist Hase. Der Heidelberger Jurastudent Victor von Hase musste 1843 vor Gericht – er hatte einem Kommilitonen zur Flucht nach Frankreich verholfen, der einen Kontrahenten bei einem Duell erschossen hatte. Bei der Gerichtsverhandlung verteidigte sich Victor mit den Worten: »Mein Name ist Hase … ich weiß von nichts.«

Diszipliniert! Das Internationale Reitturnier CHI Donaueschingen besteht aus den drei Disziplinen Springreiten, Dressurreiten und Gespannfahren.

Die Höllentalbahn ist mit Steigungen bis 57,14 ‰ die steilste Hauptbahnstrecke Deutschlands.

Sie durchfährt auf 76 Kilometern 15 Tunnel und überquert fünf große Viadukte. Bei der Inbetriebnahme 1887 war die 141 Meter lange und 35 Meter hohe Gutachbrücke mit 64 Metern Spannweite die größte Steinbogenbrücke Deutschlands.

Das Hissen der badischen Flagge auf Gebäuden des Landes ist laut baden-württembergischer Flaggenverordnung verboten. Nur die Landes-, Bundes- oder Europafahne dürfen gehisst werden. Beim Karlsruher Flaggenstreit im Jahr 2018 wurde für die Zeit der Ausstellung »Revolution« im Karlsruher Schloss auf dem Schlossdach nach heftigen Protesten jedoch eine einmalige Ausnahme gemacht.

Karlsruhe liegt auf demselben Breitengrad wie Vancouver (Kanada), Paris (Frankreich), Prešov (Slowakei) und Hulun Buir (China).

Zwei Brüste mit Kopf von unten? Schwarze Oblaten? Schwarzwälder Bollenhut? Nein, auf dem Elzacher Wappen ist rechts neben dem Heiligen Nikolaus der schwarze Dreiberg abgebildet – ein Hinweis auf die ehemalige Herrschaft des Hauses Schwarzenberg.

Drehorgeln, Flötenuhren, Jahrmarktsorgeln, Orchestrien, Pianolas, Spieldosen – im deutschen Musikautomaten-Museum in Bruchsal sind über 500 Exponate ausgestellt.

Die Schwetzinger Festspiele sind das größte klassische Radio-Festival der Welt.

Für beides braucht man Energie. In Bad Bellingen gibt es einen 12 Meter hohen mit Holz verkleideten Aufzug, der Oberstadt und Kurbezirk miteinander verbindet. Man spart 65 Treppenstufen.

»Der Trompeter von Säckingen« war 1854 das Erstlingswerk des Karlsruhers Joseph Victor von Scheffel. Es war eines der meistgelesenen Bücher Deutschlands – im Jahr 1922 erschien bereits die 322. Auflage.

Schreiwe isch a Kunschd. Im August 2018 passierte im Pforzheimer Stadtteil Hohenwart den nicht der deutschen Sprache mächtigen Straßenarbeitern eine peinliche Panne. In der verkehrsberuhigten Schönbornstraße war das Ergebnis ihrer Arbeit weiß auf schwarzem Asphalt zu lesen: 30 ZNOE. Einige Bürger konnten sich deshalb gar nicht mehr beruhigen. So e Durchenanner!

Chill doch mal! Bei Emmendingen steht ein Schild in mittelhochdeutscher Sprache, das zum Ausbrechen aus dem hektischen Alltag auffordert. Denn die schönen Dinge siehst du halt nur, wenn du langsam gehst.

Der Bodensee hat ein Volumen von 48 Kubikkilometern. Das ist ein Würfel mit 3,634 Kilometer Seitenlänge!

Hoch soll sie leben! Die Schwarzwaldhochstraße wurde 1932 als erste deutsche Ferienstraße offiziell eröffnet. Sie wurde als Verbindung zwischen Freudenstadt, Bühlerhöhe und Baden-Baden zu den Hotels und Sanatorien an den Passhöhen des Schwarzwaldes geplant, denn die weltbekannten Luxushäuser drohten touristisch ins Abseits zu geraten.

Der Landesvorsitzende des Landesvereins Badische Heimat e.V. heißt Dr. Sven von Ungern-Sternberg.

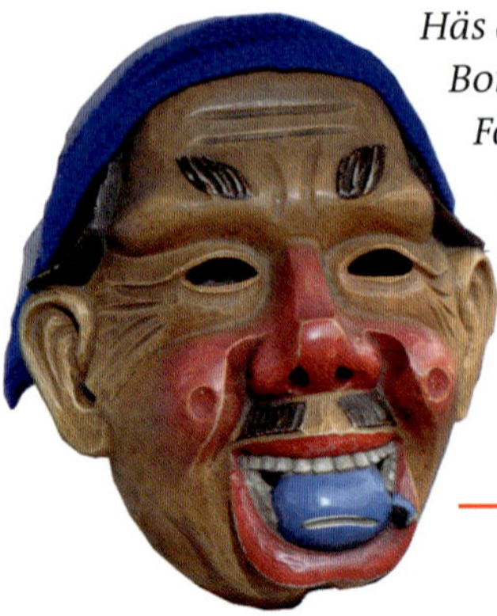

Häs de sowas schon gesehn? Im Bonndorfer Schloss ist immer Fasnet. In den sogenannten Narrenstuben sind mehr als 400 originalgetreue Miniatur-Narrenfiguren sowie über 300 original- und detailgetreue Masken ausgestellt. Weltweit einmalig!

Das bekannteste Kind Brettens. Der 1497 geborene Reformator Philipp Melanchthon hieß eigentlich Philipp Schwartzerdt. Er korrigierte unter anderem das von Luther ins Deutsche übersetzte Neue Testament nochmals vor der Veröffentlichung. Bretten nennt sich auch »Melanchthonstadt«.

1998 wurde der Asteroid 7906 nach Melanchthon benannt.

Die längste Höhle Badens ist die Wulfbachquellhöhle bei Mühlheim an der Donau mit 6583 Metern. Sie ist eine aktive Wasserhöhle.

Die erfolgreichste Instagramerin Deutschlands stammt aus Karlsruhe. Fitness-Influencerin Pamela Reif hat über 4 Millionen Follower und ihr Abitur mit 1,0 abgeschlossen.

Guder Morge! Der Morgen war ein bis etwa um 1900 verwendetes Flächenmaß in Deutschland – mit ganz unterschiedlichen Größen, je nach Region. Es war die Fläche, die man mit einem einscharigen Ochsen- oder Pferdepflug an einem Vormittag schaffen konnte. Der Badische Morgen hatte 3600 Quadratmeter, der Schwäbische Morgen nur 3152. Also war allridd de Badner e bissle fleißiger als de Schwob ...

Die Ortenau hieß bis ins 16. Jahrhundert Mortenau.

2018 waren in Baden die beliebtesten Mädchennamen Sophia, Emilia, Mia, Emma, Hanna, Anna, Lina und Lea. Bei den Jungen waren es Leon, Ben, Noah, Luis, Lucas, Jonas, Elias und Luca.

Abgelehnt wurden unter anderem folgende Vornamenswünsche: Januar, Vespa, Gucci, November, Puppe, Holunder, Schröder, Omo, Satan, Borussia, Skywalker und Zecke.

Der Gemeindename Simonswald wird auf der Endsilbe betont.

Die Schönwald-Schneckenwanderung ist laut Tourismusverband der laaangsamste Wanderweg des Schwarzwaldes.

68,8 Grad Celsius! Baden-Baden hat die heißeste Thermalquelle Deutschlands.

Mir kommen die Tränen! Bülle ist die im Alemannischen gebräuchliche Benennung für Zwiebel. Die Höri-Bülle von der Bodensee-Halbinsel hat eine helle rotbraune Färbung, eine milde Schärfe, eine flache, bauchige Form und wird oft mit einer fliegenden Untertasse verglichen.

Staffelschnatzer. So lautet der Spitzname der Rastatter. Man sagte einst, sie säßen gerne auf den Stufen ihrer Hauseingänge, um zu quatschen und zu schnatzen.

Das erste kommerzielle Atomkraftwerk Deutschlands ging 1968 in Obrigheim ans Netz.

Spieglein, Spieglein am Straßenrand, wer sind die Dümmsten im ganzen Land? Entlang einer Baustelle auf der A 5 zwischen dem Kreuz Walldorf und der Anschlussstelle Schwetzingen lagen im November 2018 pro Tag im Schnitt 15 Rückspiegel – abgetrennt durch aufgestellte Warnbaken. Die linke Spur war auf zwei Meter beschränkt. Ganz schön beschränkt, manche Autofahrer!

Das ist geilo! Gailingen geht auf den alemannischen Sippenführer Gailo zurück.

Die wohl typischste baden-württembergische Stadt ist Villingen-Schwenningen – die beiden Orte wurden 1972 fusioniert. Villingen gehört zu Baden und ist katholisch, Schwenningen ist protestantisch geprägt und schwäbisch-württembergisch. Jeder meint, er wär ebbes Bessers. Vorurteile können auch Spaß machen.

Ganz schön schräg! Die älteste Standseilbahn Deutschlands fährt mit einer Neigung von bis zu 36,2 Prozent vom Karlsruher Stadtteil Durlach auf den 256 Meter hohen Turmberg. Auf einer Strecke von 315 Metern überwindet die 1888 eröffnete Turmbergbahn 100 Höhenmeter.

Furtwangen ist die höchstgelegene Stadt Baden-Württembergs – und hat eine der niedrigsten Arbeitslosenquoten in Deutschland.

Das Wappen von Heiligenzell besteht nur aus einer einzigen Zahl: einer schwarzen Acht auf weißem Grund.

Uwe Ochsenknecht ist in Mannheim aufgewachsen und wurde mit 15 Jahren nach dreimaligem Sitzenbleiben vom Ludwig-Frank-Gymnasium verwiesen. Er machte an einer Abendschule den Hauptschulabschluss und absolvierte erfolgreich die Schauspielschule Bochum.

Gernsbacher Meister. Ein international bekannter Qualitätsbegriff der Vereinigung Gernsbacher Papiermacher. Die Papiermacherstadt wurde durch ihren Holzreichtum zu einem Kerngebiet der industriellen Papierherstellung in Deutschland.

Droste-Preis. Der älteste deutschsprachige Literaturpreis wird seit 1957 alle drei Jahre verliehen. Die Stadt Meersburg vergibt ihn ausschließlich an deutschsprachige Autorinnen – in Gedenken an Annette von Droste-Hülshoff. Sie ist am 24. Mai 1848 auf der Burg Meersburg verstorben.

Baden war eine nordamerikanische Automarke aus Baden in Missouri, einem Stadtteil von St. Louis. Zwischen 1916 und 1919 wurden 50 Fahrzeuge im Direktvertrieb verkauft, danach wurde die Produktion wieder eingestellt.

Die Kinzig transportiert 28 Kubikmeter Wasser pro Sekunde.

So ein Quaaak! Aufgrund des einst reichen Vorkommens der Tiere in Tauberbischofsheim erhielten die Bewohner den Spitznamen »Bischemer Kröten«.

Wenn man von Waldshut-Tiengen aus ein Loch durch die Erde graben würde, käme man auf der anderen Seite mitten im Südpazifik, ungefähr 1000 Kilometer südwestlich der zu Neuseeland gehörenden Chatham-Inseln wieder heraus.

Yach ist der einzige Ort in Deutschland, dessen Name mit dem Buchstaben »Y« beginnt. Und es ist der einzige Ort weltweit, der auf seinem Wappen zwei untereinander liegende abgetrennte Bärenpranken zeigt.

Um 1095 wurde Achern erstmals als »Acchara« erwähnt. 1973 wurden folgende Orte eingemeindet: Fautenbach, Gamshurst, Großweier, Mösbach, Önsbach, Sasbachried und Wagshurst.

Der Asteroid 10666 heißt Feldberg.

13 Monate war der Pforzheimer Stefan Mappus baden-württembergischer Ministerpräsident. Dann ist er aus dem Amt geflogen. Er besitzt eine Privatpilotenlizenz.

I muss saaiche! 136 Killomeder Sparchel! Die Badische Spargelstraße führt von der berühmtesten Spargelstadt der Welt, Schwetzingen, über Reilingen, Karlsruhe und Rastatt bis nunner nach Scherzheim.

Jährlich werden 180 Millionen Kubikmeter Trinkwasser für 4 Millionen Menschen aus dem Bodensee gewonnen – das ist gerade mal ein Prozent des durchfließenden Wassers. Oder so viel wie 30 Millionen Kästen Bier.

Der Hockenheimring ist 4,574 Kilometer lang, hat 13 Kurven, eine Asphaltbreite zwischen 8,5 bis 18,5 Metern und eine Zuschauerkapazität von 120 000. Den Streckenrekord hält Kimi Raikkönen auf einem McLaren Mercedes – im Jahr 2004 fuhr er die bislang allerschnellste Runde in 1:13,780 Minuten. Der schnellste Kreisverkehr Deutschlands!

Bei Formel-1-Rennen werden auf dem Hockenheimring 67 Runden gefahren.

Normalerweise weist die Apsis (Nische mit eigenem Gewölbe) einer Kirche nach Osten. Eine Ausnahme stellt die Basilika Birnau dar, dort zeigt die Apsis nach Norden – denn die Kirche sollte bei der Sicht vom Bodensee aus mit ihrer Höhe den Himmel berühren.

Es gibt in der Basilika sieben Altäre – dies soll an die sieben Altäre des Petersdoms in Rom erinnern, die besucht werden mussten, um Absolution zu erlangen. Einer davon ist Zisterziensermönch Bernhard von Clairvaux geweiht, der im Jahre 1146 im Dom zu Speyer trotz Hunger und Durst so lange betete, bis er von der Muttergottes einen Milchstrahl aus der Brust empfing. Das Wunder der Lactatio. Wer's glaubt, wird selig.

Mehmet Scholl wurde in Karlsruhe geboren als Mehmet Tobias Yüksel. Mit der B-Jugend des KV Karlsruhe wurde er deutscher Vizemeister im Sportkegeln.

Das Konstanzer »Hörnle« ist kein Gebäck sondern die Bezeichnung der Einheimischen für das größte Strandbad am Bodensee am Ende der Konstanzer Bucht – mit 600 Metern Uferlänge und über 50 000 Quadratmetern Liegewiese.

In Bad Peterstal-Griesbach, im Ortsteil Bad Griesbach, unterzeichnete Großherzog Karl Friedrich von Baden 1818 im Roten Bau die erste badische Verfassung.

Stein und Bein. Auf dem Allensbacher Campingplatz wurden im Winter 2002/2003 die Reste einer Pfahlbausiedlung ausgegraben. Man fand unter anderem einen Feuersteindolch mit einem Griff aus Holunderholz – wie auch Gletschermumie »Ötzi« einen dabeihatte. Die Klinge war aus einem oberitalienischen Gestein gefertigt. Es muss also schon vor 5000 Jahren gute Kontakte in den südlichen Alpenraum gegeben haben.

Von Sankt Blasien zur nächsten Autobahnauffahrt der A 81 Bad Dürrheim sind es 64 Kilometer. Und 68 Kilometer bis zur A 5 bei Freiburg.

Erasmus von Rotterdam schrieb 1534 über Freiburg: »Hier herrscht große Unreinlichkeit. Durch alle Straßen läuft ein künstlich geführter Bach. Dieser nimmt die blutigen Säfte von Fleischern und Metzgern auf, den Gestank aller Küchen, den Schmutz aller Häuser, das Erbrochene und den Harn aller, ja sogar die Fäkalien von denen, die zu Hause keine Latrine haben. Mit diesem Wasser werden die Leintücher gewaschen, die Weingläser gereinigt, ja sogar die Kochtöpfe.«

Der 49. Breitengrad verläuft mitten über den Hengstplatz in Durlach, dem größten Stadtteil von Karlsruhe.

Der 49. Breitengrad ist kein Breitengrad wie jeder andere – denn er markiert auch die vom 11. amerikanischen Präsidenten James Knox Polk 1846 festgelegte schnurgerade und sehr markante Grenze zwischen den Vereinigten Staaten von Amerika und Kanada.

In Gottmadingen gibt es einen Promilleweg.

Affig! Im Affental gibt's Affentaler. Keine Münzen, sondern Flaschen. Die Affentaler Winzer sind eine der ältesten Weingenossenschaften in Deutschland.

In Waldbronn gibt es den Volleyballclub »Schmätterlinge«.

Früher sagte man wegen des Silberbergbaus zum Schauinsland »Erzkasten«. Seit 1975 wird der Barbarastollen im Schauinsland vom Bundesamt für Bevölkerungsschutz und Katastrophenhilfe als Depot genutzt. Es ist das größte Lager zur Langzeitarchivierung in Europa.

Katgelisch und evangolisch. Von 1706 bis 1936 war die Heidelberger Heiliggeistkirche durch eine Scheidemauer getrennt – so waren Gottesdienste für beide Konfessionen gleichzeitig möglich.

Im Badischen entstand das erste Mädchengymnasium Deutschlands – am 16. September 1893 wurde das heutige Lessing-Gymnasium in Karlsruhe feierlich eröffnet.

Der Müllheimer Weinmarkt ist der älteste badische Weinmarkt – es gibt ihn seit 1872.

Wasserfälle Allerheiligen

Sieben Bütten. Die größten natürlichen Wasserfälle im Nordschwarzwald liegen bei Oppenau – über sieben Stufen stürzt hier der Grindenbach insgesamt 66 Meter in die Tiefe. Um die Allerheiligen-Wasserfälle ranken sich viele Sagen.

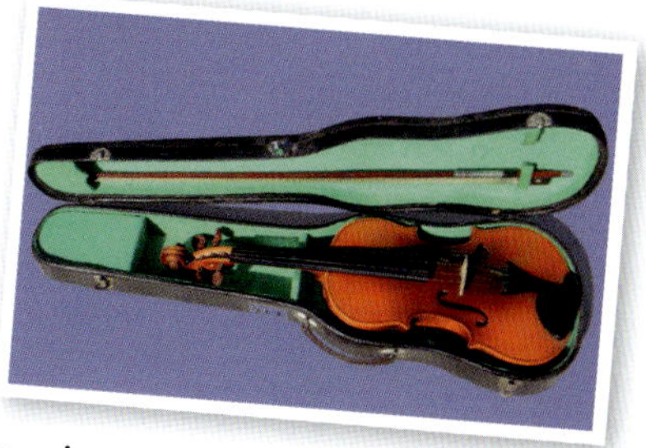

Ich geig dir eins! Franz »Schnuckenack« Reinhardt lebte ab 1982 bis zu seinem Tod in St. Leon-Rot. Der virtuose Jazzmusiker und Geigenspieler wurde durch Sintimusik mit seinem Quartett weltweit bekannt. Er veröffentlichte einige Alben unter dem Titel »Musik deutscher Zigeuner«.

Neben dem Höllental im Schwazwald gibt es in Deutschland vier weitere Höllental.

cittaslow

Überlingen ist Mitglied der weltweiten Bewegung Cittàslow – mit dem Ziel: Verbesserung der Lebensqualität und Entschleunigung in Städten.

Auf dem um 1516 entstandenen Gemälde »Stuppacher Madonna« des Malers Matthias Grünewald ist ein Bienenstand abgebildet, mit der für den Schwarzwald schon damals typischen, flach gewölbten bauchigen Korbform, dem »Alemannischen Rumpf«.

Keine 90 Grad. Stararchitektin Zaha Hadid sollte in Weil am Rhein für die Firma Vitra nur einen Stuhl entwerfen – daraus wurde dann ein heißer Stuhl: die ehemalige Feuerwache der Werksfeuerwehr. Im heutigen Veranstaltungszentrum wurde auf rechte Winkel und Farbe komplett verzichtet. Ha no!

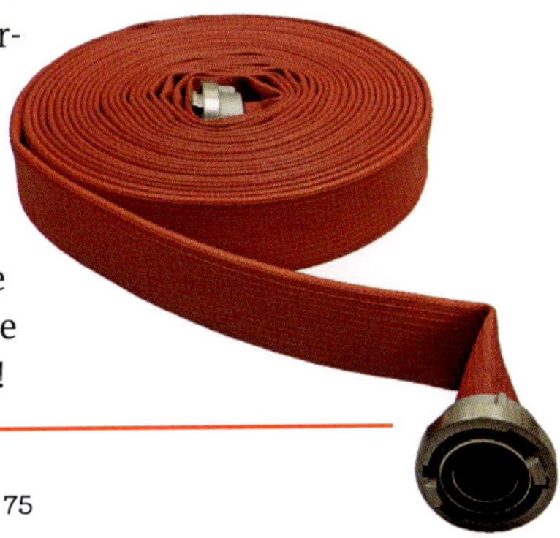

Der »Balzer Herrgott«. Zwischen Wildgutach und Neukirch-Fallengrund im Mittleren Schwarzwald befindet sich eine 250 Jahre alte Weidbuche mit einer eingewachsenen steinernen Christusfigur. Der Name stammt entweder von in der Gegend balzenden Auerhähnen oder vom einstigen Besitzer Balthasar.

Ein deutsches Stück Schweiz. Das 1,55 Quadratkilometer große Tägermoos gehört zur Schweizer Gemeinde Tägerwilen, ist jedoch eine Gemarkung der Stadt Konstanz. Beide Länder teilen sich die Verwaltungsaufgaben.

Badener haben eine der niedrigsten Scheidungsraten bundesweit.

Die Donaueschinger Nibelungenhandschrift C zählt zum UNESCO-Weltdokumentenerbe. Das Pergament aus dem 13. Jahrhundert befindet sich in der Badischen Landesbibliothek Karlsruhe – es ist eine der drei wichtigsten Überlieferungen des Nibelungenlieds.

Til Schweiger wurde 1963 in Freiburg im Breisgau geboren als Tilman Valentin Schweiger. Zu Beginn seiner Karriere war er Synchronsprecher für Pornofilme.

Die Wappen von Mundingen und Sexau sind fast identisch – es sind nur die Seiten getauscht und Mundingen hat vier Blätter und eine Eichel mehr.

Rund um Sasbachwalden gibt es 10 Schnapsbrunnen.

Der Badische Jakobusweg geht von Malsch über Bruchsal, Durlach, Ettlingen, Gaggenau, Baden-Baden, Neusatz, Sasbachwalden, Kappelrodeck, Oberkirch, Durbach, Offenburg, Schutterwald, Schuttern, Kippenheimweiler, Grafenhausen, Rust, Oberhausen, Wyhl, Sasbach nach Breisach. Das Wegzeichen für die Pilger ist eine gelbe Muschel auf blauem Grund.

In Bretten gibt es das Kellertheater Gugg-e-mol.

Urnengräber am Ruheberg. In der Schwarzwaldgemeinde Oberried im Süden des Dreisamtals kann man sich auf 1136 Meter Höhe unter 1080 Tannen, Buchen und Ahornen bestatten lassen. Ringsum führt ein Loipenweg. Im Oktober ist Viehabtrieb. Im Sommer finden Fahrradrennen statt. Und der Skiclub lädt regelmäßig zum Haxenfest. Am Ruheberg herrscht absolutes Rauchverbot.

Ob das hoppelt? Der Seehas verkehrt zwischen Engen und Konstanz. Der so bezeichnete Nahverkehrszug fährt im 30-Minuten-Takt, bedient 16 Haltestellen und besteht aus sogenannten FLIRT-Fahrzeugen: Flinke, Leichte, Innovative Regional-Triebwagen.

Als Seehas wird ursprünglich ein traditionelles Fabeltier der Bodenseeregion bezeichnet – ein Mischwesen mit Hasenkopf und Fischkörper. Auch die Einheimischen des westlichen und nördlichen Bodenseeufers werden Seehasen genannt.

Durch Eberbach führen vier Radwanderwege: der 160 Kilometer lange Odenwald-Madonnen-Radweg, der 225 Kilometer lange Drei-Länder-Radweg, der 410 Kilometer lange Neckartalradweg und der 1200 Kilometer lange Radweg Burgenstraße.

Rhein heißt auf Französisch Rhin, auf Russisch Reyn, auf Chinesisch Láiyīn, auf Italienisch Reno, auf Schwedisch Rhen, auf Englisch Rhine, auf Ungarisch Rajna, auf Griechisch Rinos, auf Japanisch Rainkawa und auf Spanisch Rin.

Die höchstgelegene Brauerei Deutschlands liegt in Grafenhausen: die Badische Staatsbrauerei Rothaus. Auf den Etiketten ist eine gezeichnete Dame abgebildet. Sie heißt unter Biertrinkern Birgit Kraft – abgeleitet von der Aussage »Bi(e)r gi(b)t Kraft«.

Der westlichste Punkt des Hegaus liegt zwei Kilometer östlich von Randen. Dort befindet sich der Blaue Stein – die Felsformation und ehemalige Kultstätte von Kelten und Alemannen ist heute ein geschütztes Naturdenkmal.

Schlumpfhausen. In Lauchringen fand im Februar 2019 mit 2762 verkleideten Schlümpfen die größte Schlumpfversammlung aller Zeiten statt. Weltrekord!

Die Herkunft das Namens Biberach ist nicht endgültig geklärt. Er könnte von den Bibern an der Kinzig herrühren, aber sich auch von »Biberaha« ableiten, der ältesten überlieferten Schreibweise von 1222 – und sich aus bi = zwei und aha = Wasser zusammensetzen.

1970 sprachen sich bei einer Volksabstimmung 80 Prozent der Badener für den Verbleib in Baden-Württemberg aus.

Der Olympiasieger in der Nordischen Kombination von 1960 Georg Thoma arbeitete als Holzfäller, bei der Post und ist der erste Ehrenbürger von Hinterzarten. Neben seinen vielen Skierfolgen war der 1937 Geborene auch achtmal Senioren-Weltmeister bei diversen Mountainbike-Klassikern.

Legger, legger, legger! Die nervige, angeblich schwäbische Radiowerbung von »Saaaaitenbacher« kommt aus Buchen – also aus Baden! Ha woisch, Karle …

Über die Herkunft des Namens Titisee gibt es vier Theorien. Der römische Feldherr Titus soll einst hier sein Lager aufgeschlagen haben. Die Pflanze Aaronstab wurde früher als Tittele bezeichnet. Teti heißt im alemannischen Dialekt Kindlein – aus dem Titisee sollen also die Neugeborenen kommen und nicht vom Storch gebracht werden. Und es soll am See im 12. Jahrhundert ein gewisser Titini gejagt haben.

12 Athleten mit Blei am Hals. 24 Stunden. 198 250 Meter. Ohne Atemgerät. Ohne Flossen. 7930 Bahnen. Im Hallenbad Hochdorf wurde im Mai 2018 der 24-Stunden-Team-Weltrekord im Apnoe-Streckentauchen geknackt. Ohne Gluggser.

Unter den zehn deutschen Drei-Sterne-Restaurants 2019 (Guide Michelin) befindet sich keines in Baden. Vier badische Küchen wurden jedoch mit zwei Sternen ausgezeichnet: »Ophelia« in Konstanz, »Le Pavillon» in Bad Peterstal-Griesbach, »ammolite« in Rust und »Hirschen« in Sulzburg.

Boxberg hat im Wappen einen schwarzen, stehenden, boxenden Bock.

Anruf vom Bet-chelor. Ein Mönch hatte im nahegelegenen Wald laute Schreie gehört und direkt der Polizei gemeldet, dass er ein Verbrechen vermutet. Tatsächlich war eine Therapeutin mit ihrer Gruppe unterwegs und übte mit den Patienten verschiedene Brüll-Techniken, um Stress abzubauen.

Hut ab! Mitte des 18. Jahrhunderts lud der Markgraf von Baden alle Bürgermeister der Markgrafschaft Baden zu einem Fest. Betrunken gemacht unterzeichneten diese einen Vertrag, durch den sie ihm ihre Wälder übereigneten. Nur der Bürgermeister von Graben ahnte den Trick, ließ seinen Hut am Haken hängen und verschwand heimlich. Noch heute bekommt jeder neue Bürgermeister von Graben den sogenannten »Waldhut« überreicht.

In Hamburg gibt es einen Verein der Badener. Der Slogan lautet: »In Hamburg tu Hus, in Baden daheim«.

Die Karlsruher Pyramide ist das Wahrzeichen der Stadt – in ihr befindet sich das Grab des Stadtgründers Markgraf Karl Wilhelm von Baden-Durlach. Das Volumen beträgt 83 Kubikmeter. Das ist so viel wie 83 000 Liter Rotwein.

2011 erhielt die Bierflasche »Tannenzäpfle« der Badischen Staatsbrauerei Rothaus den Titel »Badener des Jahres«.

Die Bürgerinnen und Bürger der Stadt Mosbach wurden im Jahre 2006 als »Badener des Jahres« ausgezeichnet, weil sie bei der Baden-Württemberg-weiten Radio-Hitparade das Badnerlied auf Platz eins gewählt hatten.

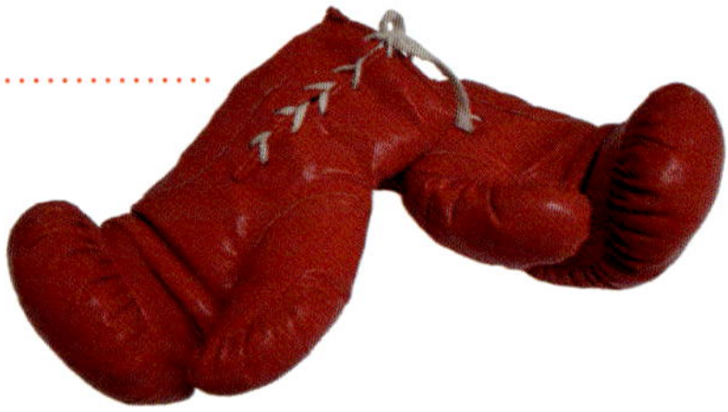

Die Auszeichnung »Badener des Jahres« wird jedes Jahr vom »Bund Freiheit statt Baden-Württemberg« vergeben – an Personen und Produkte, die den Ruf Badens positiv verbreiten. Im Jahre 2000 wurde der Profiboxerin Regina Halmich dieser Ehrentitel zuteil, 2010 nahm ihn Tony Marshall entgegen.

Der erste Skilift der Welt wurde in Schollach gebaut. 1908 ging es auf den Brettern 280 Meter bergaufwärts – mit Hilfe der durch Wasserkraft betriebenen Mühle von Robert Winterhalder. 100 Prozent regenerative Energie schon vor mehr als 100 Jahren!

Tengen heißt auf Japanisch »richtig«.

Golden Eye! Der in den USA lebende Kameramann Florian Ballhaus wurde 1965 in Baden-Baden geboren. Er drehte unter anderem Filme wie »Men in Black«, »Godzilla«, »Flightplan« und »Der Teufel trägt Prada«.

Not bad! Zur 270 Kilometer langen Schwarzwald-Bäderstraße gehören die Städte Pforzheim, Schömberg, Bad Liebenzell, Nagold, Hirsau, Calw, Bad Teinach-Zavelstein, Neubulach, Freudenstadt, Bad Rippoldsau-Schapbach, Dobel, Bad Herrenalb und Baden-Baden.

In der Goldstadt Pforzheim werden 75 Prozent der deutschen Schmuckwaren produziert. Und es gibt Deutschlands einzige Goldschmiede- mit Uhrmacherschule.

Pro Jahr holen die Bodenseefischer über 800 Tonnen Bodenseefelchen aus dem Wasser. Felche ist die regionale Bezeichnung für den Fisch – ein lachsartiger Speisefisch, auch Renke, Maräne oder Schnäpel genannt.

In Baden gibt es 30 Brücken über den Oberrhein.

Zwei. Two. Due. Dos. Deux. In St. Georgen gründeten 1907 die Gebrüder Steidinger die Firma Duul. Nomen est Omen.

Fliiieg! Der Japaner Akito Watabe hält seit 2016 mit 108 Metern den Schanzenrekord auf der Langenwaldschanze in Schonach.

Wies gehört zur Gemeinde Kleines Wiesental. Hier fließt der Fluss »Kleine Wiese«. Das Gemeindegebiet erstreckt sich bis zur Mündung in die Große Wiese. Das Wappen von Wies zeigt … na klar: einen Rechen.

Kehle voll. Das Wahrzeichen von Kehl, der 1904 erbaute, fast 50 Meter hohe Wasserturm hat ein Behältervolumen von 300 Kubikmetern. Das sind so viel wie 600 000 Flaschen Bier.

Der in Konstanz geborene Schauspieler Oliver Wnuk lernte Yvonne Catterfield bei den Dreharbeiten zur Filmkomödie »U-900« kennen – lehnte sie als Filmpartnerin zunächst ab und wollte aussteigen. Er hatte sich geirrt. Kurze Zeit später waren die beiden ein Paar.

Baden liegt auch bei Wien. Die österreichische Kurstadt hat einen Kurpark, ein Casino und ist für ihren Anbau von Badener Weinen bekannt. Das kommt einem doch alles sehr bekannt vor …

Die Einwohner von Eppelheim heißen im Volksmund Stallhasen. Im Eppelheimer Wasserturm gab es viele Jahre Europas größtes Hasenmuseum – aber dafür gab es nie eine offizielle Genehmigung. Jetzt hat es sich ausgehoppelt.

Sooo klaai? Das Hinterwälder Rind wird gerade einmal 120 Zentimeter groß – und ist somit die kleinste Rinderrasse Europas. Einige Herden grasen am Weidelehrpfad Präg-Herrenschwand.

Die kanadische Sängerin Alanis Morisette lebte als Kind von 1977 bis 1981 im Friesenheimer Ortsteil Heiligenzell.

Schon seit 1960 werben die badischen Winzer mit dem weit über die Landesgrenzen hinaus bekannten Slogan »Badischer Wein – von der Sonne verwöhnt«. Auch das schmunzelnde Sonnenmännle erblickte zur selben Zeit als Sympathieträger das Licht der Welt – da war es aber noch ein Sonnenmedle.

Von Sexau nach Titisee sind es per Luftlinie genau 28,72 Kilometer.

Laut einer Sage kündigte sich 1564 der Herzog von Württemberg bei den Hornbergern an, den sie mit lauten Salutschüssen gebührend empfangen wollten. Eine große Staubwolke wies auf sein baldiges Kommen hin – daraufhin wurde die gesamte Munition verballert. Aber es war nur die Postkutsche. Als der Landesherr schließlich eintraf, ahmten die verlegenen Bürger durch lautes Brüllen den Kanonendonner nach.

Gipfel-Glühen am Feldberg. Die Feldbergbahn bietet um 19:30 Uhr Sonderfahrten zur Bergstation auf dem Seebuck an, um den Sonnenuntergang erleben zu lassen. Hunde kosten zwei Euro, Fahrräder sind kostenlos. Und Hunde im Körbchen auf Fahrrädern?

Im Badischen gibt es mehr französisch-stämmige Wörter als in anderen Dialekten – beispielsweise Blaffo (plafond), malaad (malade), Bodschamber (le pot de chambre), Schesslo (chaiselongue), Bressand (plafond), Muggefugg (mocca faux), Schees (chaise), Visaasch (visage), Bagaasch (bagage).

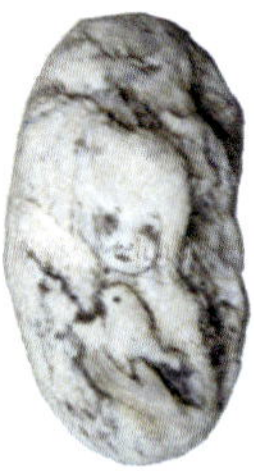

Sprechende Steine. In Ravenstein-Oberwittstadt gibt es ein ganzes Museum davon. Steine von Ufern und aus Flüssen – mit ungewöhnlichen Formen, Farben und Mustern, in denen Gesichter und Szenen aus dem Alltag sowie dem religiösen Leben zum Vorschein kommen. Guckst du!

»Kräz« nennt man die Rückentrage der Schwarzwälder Uhrmacher, in der seinerzeit Uhren und Uhrengehäuse von den Werkstätten und Bauernhöfen zu den Kunden und Marktplätzen transportiert wurden.

Ihringen im Landkreis Breisgau-Hochschwarzwald ist der wärmste Ort Deutschlands – mit einer jährlichen Durchschnittstemperatur von knapp über 11 Grad.

Baden-Baden ist der kleinste Stadtkreis Baden-Württembergs.

Der 1838 auf der Dominikanerinsel in Konstanz im heutigen Inselhotel geborene Graf Zeppelin hieß eigentlich Ferdinand Adolf Heinrich August von Zeppelin. Er war Konstrukteur der weltberühmten lenkbaren Luftschiffe – diese wurden von 1900 bis 1940 sowohl zur Personenbeförderung als auch militärisch eingesetzt.

Seit 1909 wird in Frankfurt die Zeppelinwurst hergestellt. Ein litauisches Nationalgericht heißt Cepelinai – längliche mit Hackfleisch gefüllte Kartoffelklöße. Und in Wien gibt es ein baguetteartiges Weißbrot namens Zeppelin.

In Deutschland gibt es 20 Zeppelinsteine – keinen davon in Baden. Das sind große Findlinge mit Inschrift, die an eine Landung, an eine Überfahrt oder an ein Unglück mit einem Luftschiff erinnern. Es gibt sogar einen Zeppelinstein in der Stadt Zepelin.

Mit rund 1328 Hektar Rebfläche ist Vogtsburg im Kaiserstuhl die flächengrößte Weinbaugemeinde Baden-Württembergs – auf über einem Drittel der städtischen Bodenfläche stehen Rebstöcke. Hauptsächlich angebaut werden Spätburgunder (35 Prozent), Ruländer (25 Prozent) und Müller-Thurgau (20 Prozent).

Typisch südbadisch ist die Schreibweise der Vornamen Hansjörg und Hanspeter.

Hand in Hand. Die TSG Kronau und der TSV Baden schlossen sich zur SG Kronau/Östringen zusammen, stiegen in die Handball-Bundesliga auf und nennen sich seit 2005 »Rhein-Neckar Löwen«. Die Heimspiele werden in der Mannheimer SAP Arena ausgetragen.

In den Vereinigten Staaten gibt es zwölf Mal den Ortsnamen Heidelberg, in Afrika zweimal, in Australien einmal. Und in Deutschland dreimal.

»Bietjer« – so nennen sich die Bewohner Bietigheims. Und sie haben den Spitznamen »Kieholzbuwe« – denn in schlechten Zeiten wurde als Zusatzverdienst Kienholz in Bündeln verkauft: flach gespaltene, harzreiche Kienspäne aus dem Wurzelwerk gefällter Kiefern. Ideal zum Vertreiben von Motten und zum Anzünden von Holzfeuern.

Der Mudauer Galgen ist eine Konstruktion aus drei senkrechten Stelen, die im Abstand von jeweils sechs Metern ein gleichseitiges Dreieck bilden. An den drei darauf liegenden Verbindungsbalken konnte jeweils eine Person gehängt werden. Dies war in Mudau das letzte Mal 1763 der Fall.

Rein und raus. In Mosbach gibt es 10 Stillpunkte und 8 Wickelpunkte: Geschäfte, Gaststätten und öffentliche Einrichtungen, in denen Babys Nahrung aufnehmen und abgegebene Nahrung entfernen lassen können.

Bis zu 250 000 Zugvögel rasten oder überwintern jährlich am Bodensee – bereits 415 verschiedene Arten wurden gezählt.

In Bruchsal gibt es den bedeutendsten Spargelmarkt Europas.

Die Badener Höhe ist ein knapp über 1000 Meter hoher Berg im Nordschwarzwald – der Baumbestand auf dem Gipfel ist am 26. Dezember 1999 dem Orkan Lothar weitgehend zum Opfer gefallen.

Zitat vom Automobilpionier Carl Friedrich Benz: »Erfinden ist unendlich schöner als erfunden zu haben.«

Wir können alles. Außer Schwäbisch.

Not bad! Wegen des großen CO_2-Anteils und sehr hohen Mineraliengehalts gibt es in Bad Bellingen eine der wirksamsten Heilquellen Europas. 1956 bohrte man nach Erdöl – und stieß auf Thermalwasser. So e Dusl!

Das längste Bauwerk Badens ist der acht Kilometer lange Karlsruher Landgraben. Bereits 1588 wurde der Entwässerungsgraben fertig gestellt.

Kurpfalz ist die Kurzform von Kurfürstentum Pfalz. Pfalz leitet sich vom römischen Hügel Palatin ab, auf dem sich der Palast des römischen Kaisers befand. Deshalb nannten die deutschen Könige ihre auf Hügeln gelegenen burgähnlichen Königshöfe Pfalz.

Der Hockenheimring hieß früher Kurpfalzring.

Wer den Pfennig nicht ehrt. Zwischen dem 12. und 14. Jahrhundert besaßen Oberschwaben und der Bodenseeraum eine eigene Währung – den Konstanzer Pfennig. Diese silbernen Geldstücke wurden in der bischöflichen Münzstätte in Konstanz auf dünnes Silberblech einseitig geprägt.

Kostenlose Übersetzung! Die Rheinfähre Saletio zwischen Plittersdorf und dem elsässischen Seltz transportiert jährlich rund 100 000 Autos, 60 000 Fahrräder und 30 000 Fußgänger gratis ans andere Ufer.

Leserbrief eines Schwaben: »Württemberg war übrigens Königreich, während Baden nur ein Großherzogtum war. Bis auf Friedrich Ebert, Hans Filbinger, den Markgraf Max von Baden, Karl Benz und Mayer-Vorfelder kenne ich keine weiteren bedeutenden Badener – mit Ausnahme meiner Tante, die aus Rastatt stammte und wegen ihrer Gosch in der ganzen Familie gefürchtet war.«

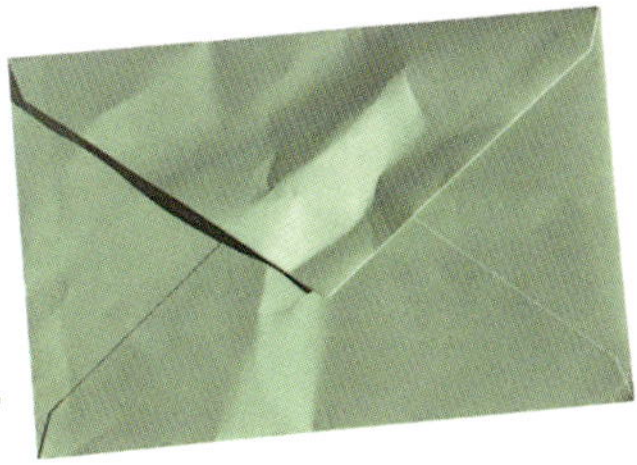

Haschischmalnepizza? In Oberkirch hat die Polizei Anfang 2018 in einem Schnellimbiss größere Mengen Rauschgift entdeckt – die Drogen wurden in Pizzakartons versteckt und an die »Kunden« ausgeliefert.

Zum Schrein! Im Reichenauer Münster Sankt Maria und Markus gibt es den Markusschrein von 1305 – er soll die Gebeine des Evangelisten Markus enthalten. Und im Heilig-Blut-Altar befindet sich die Heilig-Blut-Reliquie. Sie soll blutgetränkte Erde von Golgatha, Splitter vom Kreuz Christi sowie ein blutgetränktes seidenes Tüchlein enthalten. Da hilft nur noch beten.

14,6 Kilometer Autobahn liegen auf Pforzheimer Gemarkung.

Die einzige beheizbare Brücke der Deutschen Bahn ist die Ravennabrücke bei Breitnau – sie gehört zur Höllentalbahn im Südschwarzwald, der steilsten deutschen Hauptbahnstrecke.

Badische Ortsnamen in Mundart: Altlußheim (Altlosse), Bad Krozingen (Chrozige), Haslach im Kinzigtal (Haasle), Hockenheim (Hoggene), Külsheim (Külse), Lörrach (Löörech), Bad Mergentheim (Märchedol), Yach (Äich).

Die Kugel der Achterbahn »Eurosat – CanCan Coaster« im Europapark Rust besteht aus 1500 Dreiecksplatten, die alle in Titisee-Neustadt im Schwarzwald gefertigt wurden.

Auf dem Wappen von Neckarbischofsheim ist der Neckar nicht abgebildet – sondern nur ein Bischof mit rotem Mantel, roter Mitra und einem goldenen Krummstab. An den Füßen trägt er keine Schuhe, sondern schwarze Strümpfe.

Der Badische Dachshundclub 1922 e. V. ist Mitglied im Landesverband Baden im Deutschen Teckelklub 1888 e. V. und bietet unter anderem folgende Prüfungen an: Schussfestigkeit, Schweißprüfung, Stöberprüfung, Wassertest. Nix für lahme Daggl!

Michael Herberger, ein Urgroßneffe des ehemaligen Bundestrainers Sepp Herberger, ist Gründungsmitglied der Söhne Mannheims sowie Produzent und Keyboarder von Xavier Naidoo.

Der Ortsteil Niebelsbach der Gemeinde Keltern ist württembergisch, die Ortsteile Dietenhausen, Dietlingen und Ellmendingen sind badisch.

Goschehobl & Co: Die 1857 gegründete Firma Hohner aus Trossingen ist Weltmarktführer im Bereich Mundharmonika und Akkordeon – auch dank vieler fleißiger Mitarbeiter aus Baden. 1957 wurde die Melodica erfunden – sie besteht aus einem Mundstück sowie schwarzen und weißen Tasten.

Warmmiete. Burg Rötteln bei Lörrach hatte bereits im 15. Jahrhundert als eine der ersten rund 15 Zimmer mit Öfen. Man fand gusseiserne Ofenplatten und mit biblischen Szenen verzierte Kacheln – die großen Oberflächen speicherten die Wärme optimal, so dass jeder Raum gleichmäßig beheizt werden konnte. Von Rötteln aus verbreitete sich die Kunst des Ofenbaus im Südwesten Deutschlands.

Hier wird keiner veräppelt. In der Bodenseeregion wird von 1600 Obstbaubetrieben rund ein Drittel der deutschen Äpfel produziert.

Noch im 19. Jahrhundert war die vom lateinischen badensis abgeleitete Bezeichnung »Badenser« eine von mehreren Schreibweisen und erregte keinerlei Anstoß – selbst Goethe verwendete den Begriff in seinem Werk »Dichtung und Wahrheit«. Erst seit Auflösung des Großherzogtums Baden wird der Begriff von der Bevölkerung als eher abwertend empfunden.

Aber wenn schon, dann werden untereinander zumindest nur die Nordbadener von den Südbadenern als Badenser bezeichnet. Die Nordbadener sagen zu den Südbadenern hingegen Gelbfießler. Für Schwaben sind Badenser und Gelbfießler ein und dasselbe: Außerschwäbische!

Die Bezeichnung Gelbfüßler ist möglicherweise auf den Greif im badischen Wappen zurückzuführen, der früher gelbe Klauen hatte. Sie könnte aber auch vom Badischen Regiment abstammen, dessen Soldaten im 18. Jahrhundert gelbe Gamaschen trugen.

Auf der Eichelspitze, der zweithöchsten Erhebung des Kaiserstuhls, steht der Eichelspitzturm.

Speck Watchers statt Weight Watchers. Die Metzgerei Boll in Görwihl bietet wöchentliche Speckführungen an – und für Gruppen sogar Speckseminare.

Kalabrich. So sagt man im Volksmund zu einem Stadtteil südlich der Karlsruher Kaiserstraße. Dort waren zur Zeit der Stadtgründung Gastarbeiter aus Kalabrien untergebracht. In Pforzheim bedeutet der Begriff einfach nur »unsicheres Stadtviertel«.

Martin Walsers Eltern hatten eine Kohlenhandlung und betrieben das Bahnhofsrestaurant in Wasserburg am Bodensee, in dem der vielfach ausgezeichnete Schriftsteller auch geboren wurde.

Die Stadt Herbolzheim im Breisgau pflegt freundschaftliche Verbindungen zu Herbolzheim an der Jagst und zu Herbolzheim in Mittelfranken.

450 000 Mitglieder. 1132 Vereine. Der Badische Turnerbund ist der größte gesamtbadische Sportfachverband. Angeboten werden unter anderem auch Capoeira, Drums Alive, Parkour und Geocaching.

Das höchstgelegene Fußballstadion Deutschlands liegt auf 915 Meter in St. Georgen im Schwarzwald.

Ist das trollyg! Im Wertheimer Factory-Outlet-Center »Wertheim Village« sind Hunde generell verboten. Hunde bis zu einem Gewicht von 30 Kilogramm dürfen jedoch in einem speziellen Hundebuggy transportiert werden. Hund-ertpro!

Noch Anfang 2018 konnte man sagen: Älteste Deutsche ist eine Badenerin. Kurz darauf im April ist die Karlsruherin und studierte Juristin Edelgard Huber von Gersdorff im biblischen Alter von 112 Jahren verstorben.

Rote Raute auf weißem Grund: Der 285 Kilometer lange Westweg von Pforzheim nach Basel wurde 1900 als erster Fernwanderweg Deutschlands angelegt. Blasenpflaster nicht vergessen!

Typisch Schbeddslesschwobe! Im 18. Jahrhundert existierte in Württemberg eine Spatzensteuer. Die Vögel galten als Schädlinge und jeder Bürger musste pro Jahr mindestens 12 lebende Spatzen abgeben – oder 12 Kreuzer zahlen. Für jedes Tier erhielt man einen halben Kreuzer »Abwrackprämie«.

Alles unter einem Dach. Das Hotzenhaus war die typische Form des Südschwarzwälder Bauernhauses. Ein Eindachhaus, in dem Wohnung, Stallungen und Scheune unter einem bis fast zum Erdboden heruntergezogenen, mit Stroh gedeckten Walmdach lagen.

Hotzenhäuser hatten ursprünglich keinen Kamin – der Rauch der offenen Feuerstelle räucherte zusätzlich aufgehängte Würste, Speck und Schinken – und hielt das Holz der Dachkonstruktion von Schädlingen frei.

Weine nicht, wenn zu viel Regen fällt, damm damm. Der Reichenauer Damm, auf dem der einzige Zufahrtsweg zur Insel verläuft, eine 1300 Meter lange Pappelallee, wurde 1818 auf Initiative von Napoleon III. gebaut. Très intelligent!

Die Sparkasse Salem-Heiligenberg ist die älteste Sparkasse Deutschlands. Der Abt des Zisterzienserklosters Anselm II. gründete 1749 die »Ordentliche Waisenkassa«.

Die jährlich am dritten Oktoberwochenende stattfindenden Donaueschinger Musiktage bestehen in der Regel ausschließlich aus Uraufführungen zeitgenössischer Musik.

Guts – so wird von Lörrach bis in den Breisgau die Marmelade genannt. In der Ortenau heißt sie Schlecks oder auch Schleckli. Im Elztal sagt man zur streichzarten und beliebten Frucht-Zucker-Mischung Strichi.

Rheinstetten hat 632 Einwohner je Quadratkilometer und einen Waldanteil von 31 Prozent. Rheinstettens Partnerstadt Palca in Peru hat 5 Einwohner je Quadratkilometer und einen Waldanteil von 1,6 Prozent.

Baden ist der häufigste badische Städtename in Nordamerika. Es gibt ihn insgesamt 12 Mal.

Am 1. September 1993 wurde der Asteroid 5492 nach Hans Thoma benannt, dem 1839 in Bernau im Schwarzwald geborenen und um 1900 beliebtesten Landschafts- und Porträtmaler Deutschlands.

Das Paradies befindet sich seit 1925 in Baden-Baden – eine Park- und Wohnanlage am Hang mit Blick aufs Stadtzentrum. Im Mittelpunkt befindet sich ein kleiner Park im Renaissancestil mit einer treppenförmigen Wasserkunstanlage, die einen Höhenunterschied von 40 Metern überwindet.

Bei der Eröffnung des Heidelberger Zoos hatte man 1934 nur wenige exotische Tiere im Bestand: ein Kamel, zwei Bären und 20 Affen.

Knastrein! Das Offenburger »Hotel Liberty« befindet sich im ehemaligen Gefängnis, das 1840 erbaut wurde und in dem die badischen Revolutionäre, die Visionäre und Vordenker der Freiheit und Demokratie in Deutschland, eingesperrt waren. Heute kann man hier hinter dicken Mauern sicher und nobel nächtigen. Gegessen wird im Restaurant »Wasser und Brot« – mit saisonaler Gourmetküche.

In Albbruck gibt es einen Stock-Car-Club, der aber noch nie ein Stock-Car-Rennen ausgerichtet hat. Man organisiert hingegen internationale Auto-Cross-Rennen – aus dem Verein gehen jährlich Schweizer Meister hervor.

Die Kleidung des Bad Dürrheimer Salzhansel besteht aus rund 1000 kleinen Salz-Säckle und 500 Glöckle.

Als erster Premium-Wanderort Deutschlands wurde Bad Peterstal-Griesbach vom Deutschen Wanderinstitut im Jahr 2017 zertifiziert.

Hermann Hesse lebte von 1904 bis 1907 in Gaienhofen am Untersee in einem »lustigen Bauernhäuschen für eine Jahresmiete von 150 Mark«. Danach ließ er sich eigenes Haus bauen, in dem er bis 1912 wohnte.

Sind die dick, Mann! In der historischen Altstadt von Eberbach stehen noch vier Türme der mittelalterlichen Stadtbefestigung. Der einzige runde Turm ist der Rosenturm – seine Mauern sind zwei Meter dick.

Karlsbad heißt auf Englisch Carlsbad, auf Bulgarisch und Kroatisch Karlovi Vari und auf Tschechisch Karlovy Vary.

Tick-Tack seit über 160 Jahren. Im Deutschen Uhrenmuseum in Furtwangen befindet sich die größte und vielfältigste Sammlung weltweit mit über 8000 Objekten und Zeitmessern.

Ich geig dir eins! Die 1963 in Rheinfelden geborene Anne-Sophie Mutter wollte schon als Fünfjährige Geige spielen lernen, wurde von der Schulpflicht befreit und erhielt neben Klavier- und Geigenunterricht privaten Schulunterricht.

Emiliani und Lord Dunn-Raven – so heißen die beiden millionenschweren Stradivari-Violinen, die Anne-Sophie Mutter besitzt.

Keine Briefmarke. Kein Geldstück. Kein Wanderweg. Der Breisgauer Fünfer war eine 1899 in Freiburg gegründete Vereinigung von Malern: Carl Schuster, Fritz Reiss, Hermann Dischler, Julius Heffner und Ludwig Zorn.

Die Flößerei war im Schwarzwald seit dem frühen Mittelalter ein weitverbreiteter Beruf. Bis heute existiert die bereits im 15. Jahrhundert gegründete älteste Forstgenossenschaft Deutschlands – die Murgschifferschaft.

Der riesige Holzbedarf in den Niederlanden führte im 18. Jahrhundert im Nordschwarzwald zum Kahlschlag vieler Wälder. Besonders große Tannen nannte man »Holländer« – sie wurden für den Schiffsbau verwendet oder als Rammpfähle und Fundament für die sumpfigen Böden von Amsterdam und Rotterdam. Die holländischen Holzhändler logierten damals im Baden-Badener Holland Hotel, das es heute noch gibt.

Als Basis 1700 Stämme, als Oberlast nochmals 2000 Stämme: Die Rheinflöße gehörten mit bis zu 80 Metern Breite und 400 Metern Länge zu den größten jemals gebauten Flößen. Zu ihrer Steuerung wurden rund 500 Mann benötigt – inklusive Lebensmittel und Unterkünfte.

In Bad Rappenau gibt es eine Praxis für Kinder- und Jugendmedizin. Einer der Ärzte heißt Dr. Vierling.

Der neueste Schrei: Schwarzwälder Kirschkuchen in der Dose von der Bäckerei Ruf aus St. Peter. Aaaaaaah!

Alle Jahre wieder. Der weltgrößte Adventskalender steht in Gengenbach. Jedes Jahr verwandelt sich das Rathaus mit seinen 24 Fenstern in ein kunstvoll gestaltetes Adventskalenderhaus.

Der Oberrhein hat im Badischen insgesamt 38 Zuflüsse.

»Ein Wetter steht grad über der Erd', wenn's nur ins Württembergische fährt! Denn tut es sich bei uns entladen, dann haben wir den Hagelschaden.«

Määährkwürdig! Das Wappen von Sulzfeld sieht so aus, als ob ein Arm aus einem Schafshintern herausragt – mit einer goldenen Ähre in der Hand.

Die »Dreiländerbrücke« zwischen Weil am Rhein und Huningue am Dreiländereck Deutschland-Frankreich-Schweiz ist mit 248 Metern die längste als Bogenbrücke ausgeführte Radfahrer- und Fußgängerbrücke der Welt.

Die Fläche der Oberrheinischen Tiefebene beträgt 10 612,8 Quadratkilometer – so viel wie 1 415 333 Fußballfelder.

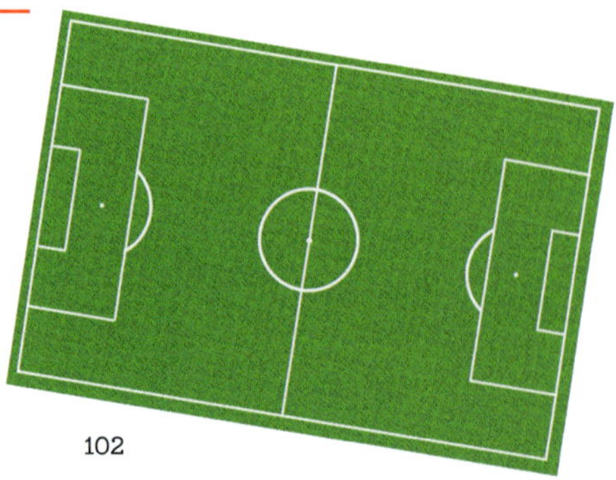

In Bad Wimpfen gibt es das Autohaus Rost.

Kuckuck! Die Deutsche Uhrenstraße führt durch die Landschaften des mittleren und südlichen Schwarzwaldes sowie den Naturraum Baar am Ostrand. Sie erinnert an die erfolgreiche Tradition des Uhrmacherhandwerks zwischen dem 18. und dem 20. Jahrhundert.

Die Schwarzwälder Uhrenhändler gingen seinerzeit als Hausierer ins so genannte »Uhrenland« – so wurde von ihnen das Ausland bezeichnet. Viele preisgünstige Holzuhren aus dem Schwarzwald beherrschten im 19. Jahrhundert den europäischen Markt und gelangten mit unterschiedlichsten Zifferblättern bis nach Großbritannien, Spanien und in den Mittelmeerraum.

Seit 1953 steht vor dem Schwenninger Rathaus eine Skulptur von Wilhelm Fehrle mit dem Titel »Die Zeit« – im Volksmund »Das Olfewiib« genannt, in Anlehnung an die sogenannten »Elf-Uhr-Frauen«: Arbeiterinnen auch der badischen Uhrenindustrie, die Beruf, Familie und Haushalt unter einen Hut bringen mussten, um 11 Uhr Mittagspause hatten, nach Hause eilten, kochten und um 13 Uhr wieder in der Fabrik standen.

Seit 2017 gibt es zwei Briefmarken in der Serie »Deutschlands schönste Panoramen«. Sie zeigen den südlichen Vorsprung des Ehrenstetter Ölbergs in Ehrenkirchen – ein Highlight der Badischen Weinstraße.

In Stutensee steht im Telefonbuch achtmal der Eintrag Hengst.

Im 45 Meter hohen Feldbergturm befindet sich Badens höchstgelegenes Trauzimmer.
Und ein Schinkenmuseum.

In Hoffenheim gibt es den Volleyballclub Anpfiff.

Einer der letzten Hexenprozesse Europas fand am 24. April 1751 in Endingen statt. Der 63-jährigen Bäuerin Anna Schnidenwind wurden Teufelspakt und Brandstiftung vorgeworfen – man hat sie erst erdrosselt und dann auf dem Scheiterhaufen verbrannt.

Auf dem Affenberg bei Salem in Oberschwaben leben auf 20 Hektar über 200 Berberaffen.

Die Ringer der SV Germania Weingarten ringen in der Ringstraße.

Die Opern- und Operettensängerin und gebürtige Mannheimerin Anneliese Rothenberger war Patentante von Björn Graf Bernadotte.

Der Ortenaukreis ist der flächengrößte Landkreis in ganz Baden-Württemberg.

Der weltbekannte Hochseilartist Falko Traber stellte eine Reihe von Weltrekorden auf – auch im Badischen. 1996 überquerte er zu Fuß die Stadt Baden-Baden auf einem bis zu 60 Meter hohen Stahlseil. Ein Jahr später stellte er einen weiteren Längenweltrekord auf: Nur mit dem Hinterrad seiner Suzuki schaffte er in Weil am Rhein eine Strecke von 700 Metern – in 80 Metern Höhe! Sauwer!

Das angeblich beste Bier Brasiliens heißt Baden-Baden.

Ach! Bei der Mündung der Haslach wird aus der Gutach die Wutach – sie entspringt aber als Seebach.

Joachim Löw hat die Musik für mehrere Tatort-Krimis geschrieben. Die Mutter des in Frankfurt lebenden Komponisten und Interpreten war Fan des Showmasters Hans-Joachim Kulenkampff – daher der Vorname.

Am Institut für Telematik der Universität Karlsruhe wurde am 3. August 1984 um 10:14 Uhr die erste E-Mail Deutschlands empfangen.

@

Durch den Ort Himmelreich führt die Höllentalstraße.

Der Walldorfer Auswanderer Johann Jakob Astor schuf in den Vereinigten Staaten ein weitverzweigtes Handels- und Wirtschaftsimperium. Sein Enkel William Waldorf Astor ist unter anderem Namensgeber des Waldorfsalates und der Waldorfschule.

Die weltweit erste Waldorfschule steht ausgerechnet in Schwaben – auf der Stuttgarter Uhlandshöhe. Der Eigentümer der Waldorf-Astoria-Zigarettenfabrik Emil Molt hat sie am 7. 9. 1919 als Betriebsschule für die Kinder seiner Arbeiter gegründet – und Rudolf Steiner mit der Schulleitung beauftragt.

Im südbadischen Postleitzahlbezirk 79 tragen 4,1 Prozent der Bevölkerung einen Familiennamen, der auf -le endet. Die häufigsten Nachnamen sind Wehrle, Schätzle, Vögele, Enderle, Isele, Jehle und Birkle.

1970 wurde aus einem Zug der Rheintalbahn heraus bei Friesenheim eine römische Straßenstation aus der zweiten Hälfte des ersten Jahrhunderts entdeckt.

Die Gondelsheimer Firma Sweet Lucky ist der größte Hersteller von Glückskeksen in Deutschland.

Das tief eingeschnittene Höllental im Südschwarzwald ist 9 Kilometer lang. Dort befindet sich das einzige größere Vorkommen der Europäischen Eibe in Baden-Württemberg mit rund 150 Exemplaren.

Bum-Bum-Bobbele. Die Tennislegende Boris Becker wurde am 22.11.67 in Leimen geboren. Er war mit 17 Jahren der jüngste Wimbledon-Sieger aller Zeiten. Kennzeichen seines Spiels waren der Becker-Hecht, die Becker-Rolle, der Becker-Blocker, die Becker-Säge und die Becker-Faust.

1996 wurde eine Meeresschnecke nach ihm benannt: Bufonaria borisbeckeri. Und das beliebte »Bum-Bum Eis« in Form eines Tennisschlägers mit Kaugummistiel gibt es bis heute.

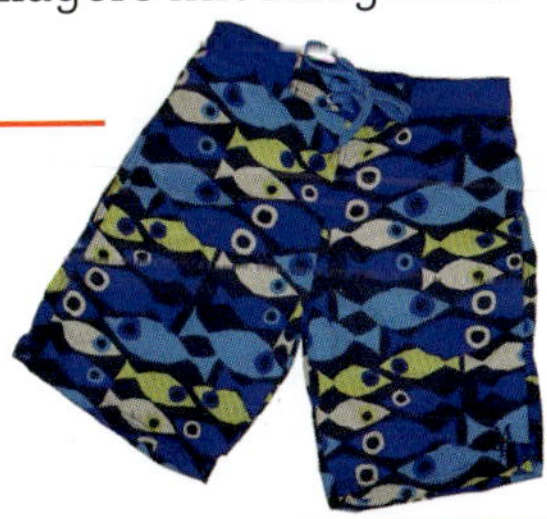

Nackte Tatsachen. Auch zu FKK-Zeiten ist Rutschen im Miramar-Erlebnisbad in Weinheim nur mit Badebekleidung erlaubt.

Ein Orchestrion ist ein mechanischer Musikautomat, der ein ganzes Orchester imitieren kann. Das allererste wurde 1820 vom Spieluhrenbauer Carl Blessing in Unterkirnach im Schwarzwald gebaut.

Der Schauinsland ist ein Berg im Westen der Antarktischen Halbinsel – Richtung Südspitze von Chile. Die Uni Freiburg führte dort in den 1990er Jahren Forschungs- und Vermessungsarbeiten durch. So kam der Berg zu seinem badischen Namen.

Im ersten Weltkrieg sind rund 62 000 Badener gefallen.

Die Entfernung von Leimen zum Äquator beträgt 5468 Kilometer.

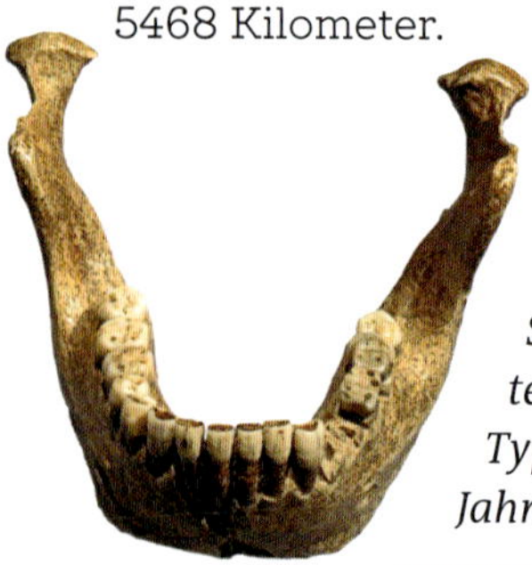

Der erste Badener war ein Homo. Der Arbeiter Daniel Hartmann fand am 21. Oktober 1907 in der Sandgrube von Mauer den berühmten »Unterkiefer von Mauer« – das Typusexemplar des rund 600 000 Jahre alten Homo heidelbergensis.

Der Finder wurde 1948 von der Gemeinde Mauer zum Ehrenbürger ernannt und eine Straße erhielt seinen Namen. Zu Hartmanns 110. Geburtstag schrieb die Rhein-Neckar-Zeitung: »Er hat doch durch Zufall, Glück und helle Pfiffigkeit im entscheidenden Augenblick der Wissenschaft einen größeren Dienst erwiesen als vielleicht ein gutes Dutzend normaler Ehrendoktoren zusammen.«

Boxberg im Main-Tauber-Kreis hat als einzige Partnergemeinde die Stadt Boxberg in Sachsen.

Wer hot Kehrwoch? Die Kirche St. Michael in Neuried-Schutterzell ist eine Simultankirche. Sie wird sowohl für den evangelischen als auch für den katholischen Gottesdienst genutzt. Das ist Öko und Ökumene zugleich.

Unerschutterlich! Die Schutter gab auf ihrem Weg durch den Schwarzwald den Orten Schuttertal, Schuttern, Schutterzell und Schutterwald ihren Namen.

Die Bertha-Benz-Memorial-Route ist eine deutsche Touristikstraße. Die Hinfahrt führt über 106 Kilometer von Mannheim über Ilvesheim, Ladenburg, Dossenheim, Leimen, Wiesloch, Langenbrücken, Ubstadt, Bruchsal, Weingarten, Söllingen, Königsbach, Eisingen nach Pforzheim.

Die Rückfahrt geht über 90 Kilometer von Pforzheim über Bauschlott, Bretten, Gondelsheim, Heidelsheim, Forst, Wiesental, Reilimgen, Hockenheim, Schwetzingen, Friedrichsfeld zurück nach Mannheim.

Meersburg war bislang Kulisse von rund 40 Spiel- und 118 Dokumentarfilmen.

In Deutschland gibt es neun Berge mit dem Namen Heidelberg.

Das Wappen von Waghäusel zeigt seit der Verselbstständigung 1930 drei blaue Zuckerhüte – in Anlehnung an das Firmenlogo der alten Zuckerfabrik.

Tuningen im Schwarzwald ist die schnellste Gemeinde in Sachen Internet in ganz Baden. Die tun was, die Tuninger – die tunen!

August Fischer war Apotheker in Bühl. Weil es bis dahin nur penetrant nach Fisch riechenden bräunlichen Knochenleim gab, der zudem nur auf Papier haftete, aber nicht auf anderen Materialien wie Metall oder Glas, experimentierte er an einem neuen Klebstoff. Und erfand 1932 den ersten Kunstharzkleber der Welt: UHU.

Die Hindenburg war mit 247 Metern Länge das größte jemals gebaute Luftschiff der Welt – der gewaltige hohle Korpus wurde 1936 bei der Fertigung mit UHU-Klebstoff zusammengehalten.

Der Wasserpegel des Bodensees schwankt zwischen Sommer und Winter um bis zu 150 Zentimeter.

Zug um Zug. Bereits seit 1987 hat Manfred Weis aus Karlsruhe seinen Weltrekord. Er fuhr per Interrail innerhalb von 30 Tagen insgesamt 36 060 Kilometer und durchquerte 17 europäische Länder.

3 x kurios bei der Obrigheimer Gemeinderatswahl 2014: Der jüngste Gemeinderat wurde am Wahltag 18. Zwei Brüder erreichten exakt die gleiche Stimmzahl – das Los musste entscheiden. Und der Kandidat mit den drittmeisten Stimmen konnte nicht vereidigt werden, da seine Nichte die meisten Stimmen erhielt und wegen der Verwandtschaft nur einer von beiden in den Gemeinderat einziehen durfte.

Der »Heckerhut« ist ein breitkrempiger, spitz zulaufender Filzhut. Der badische Revolutionär Friedrich Hecker hat ihn Mitte des 19. Jahrhunderts getragen und populär gemacht. Da die Kopfbedeckung ursprünglich aus Kalabrien kommt, kennt man ihn auch unter der Bezeichnung Kalabreser.

In Konstanz wird der Heckerhut an Persönlichkeiten verliehen, die sich um die soziale Demokratie verdient gemacht haben.

In Karlsbad gibt es 193 Straßen.

In nur 22 Minuten. Pforzheims Stadtzentrum wurde am 23. Februar 1945 von 379 britischen Bombern zu 98 Prozent zerstört.

Die Stephen-Hawking-Schule in Neckargemünd ist eine Privatschule für Körperbehinderte und nicht Behinderte. Schüler, die nicht in der Lage sind, zur Schule zu kommen, können per Videokonferenz am Unterricht teilnehmen.

Zum Stadtgebiet Oberkirch gehören unter anderem Nußbach, Tiergarten, Diebersbach, Fröschhof, Herbstkopf, Hummelswald, Lerchenlochhof, Meisenbühl, Herztal, Hanselbach, Löchle, Scheuermatt und Tanzberg.

Die beliebtesten Freizeitbeschäftigungen der Kinder hießen früher: Doggderles, Indianerles, Kaschberles, Merweles (Murmeln), Mudderles und Vadderles, Nausdreiwerles, Verschdeggerles.

Leerlauf. In Wehr-Öflingen steht das erste Pumpspeicherkraftwerk Deutschlands. Es wurde so lange betrieben, bis der Stausee undicht wurde und komplett auslief.

Eine dauerhafte Schneedecke über sage und schreibe 236 Tage gab es im Schwarzwald von 1974 auf 1975.

Der Mummelsee zählt zu den meistbesuchten Seen in Baden-Württemberg.

Sallys Welt. Die in Bruchsal geborene Saliha Özcan betreibt den erfolgreichsten YouTube-Kanal Deutschlands zum Thema Kochen und Backen mit rund 1 500 000 Abonnenten.

Ludwig Wilhelm von Baden-Baden (1655–1707) war Generalleutnant der kaiserlichen Truppen, ein siegreicher Feldherr in den Türkenkriegen – und in der Bevölkerung als »Türkenlouis« bekannt. Weil man seine rote Uniformjacke deutlich auf den Schlachtfeldern sah, nannten ihn die Türken den »Roten König«.

Sein Grabmal befindet sich in der Stiftskirche in Baden-Baden, sein Herz und seine inneren Organe wurden im Kloster Lichtenthal beigesetzt. Ludwig halb und halb.

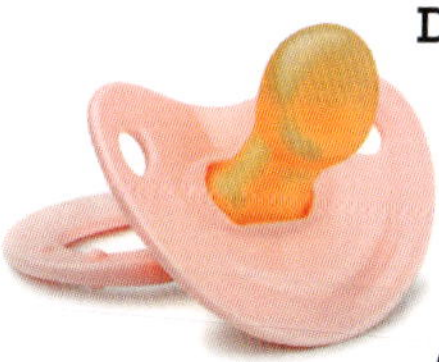

Die aktuell kuriosesten Babynamen im Badischen lauten: Fanta, Sofie-Sophie, Lafayette, Fidelis, Harmonie, Cinderella-Melodie, Nussi, Holle und Sunshine bei den Mädchen – sowie Cosmo, Despot, Lennox-Luis, Pumuckl, Matt-Eagle und Reineke bei den Jungen.

Ballaballa. Die Deutsche Fußballnationalmannschaft schluch 1982 am Schluchsee ihr WM-Trainingslager auf. Wegen dem einen oder anderen Schluck Alkohol zu viel war bald der Begriff »Schlucksee« in aller Munde.

Ein Stern, der seinen Namen trägt! Jesuitenpater Johann Jakob Hemmer experimentierte 1760 in einem physikalischen Kabinett im Mannheimer Schloss mit elektrischer Ladung – und entwickelte für das Gebäude einen Blitzableiter. Der »Hemmersche Fünfstern« bestand aus einer Stange mit fünf waagerecht angebrachten Spitzen. Auf den Dächern von Schloss Schwetzingen sind noch heute einige dieser Exemplare montiert.

Der Pater und Wissenschaftler konstruierte nebenbei auch noch einen Blitzschirm sowie einen Blitzspazierstock – jeweils mit einer langen Eisenspitze. Die Testpersonen können leider nicht mehr dazu befragt werden …

Zieh mal einer an! In Hockenheim gab es einmal 28 Zigarrenfabriken mit mehr als 2000 Beschäftigten.

Baden ist der Vorname von Baden Baden-Powell (1860–1937) – einem Pionier der Militärluftfahrt, vom brasilianischen Gitarristen Baden Powell de Aquino (1937–2000) und vom 1978 geborenen ehemaligen australischen Radrennfahrer Baden Cooke.

Zwei der ehemaligen Müllheimer Bürgermeister hießen Ruprecht und Nikolaus.

Auf den Lössböden des Kaiserstuhls werden folgende Rebsorten angebaut: Weißer Burgunder, Gewürztraminer, Müller-Thurgau, Blauer Spätburgunder, Riesling und Silvaner.

Kandern liegt an der Kander.

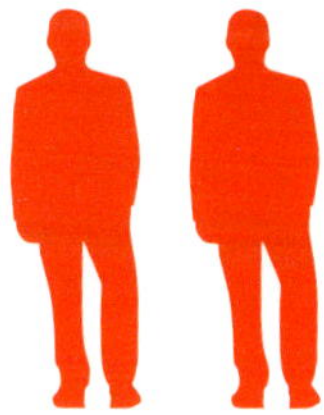

Ideal für Doppelgänger. Laufenburg in Baden und Laufenburg in der Schweiz sind nur durch den Rhein getrennt. Es verbindet sie die Laufenbrücke.

Das Wappen von Hausach zeigt das rote Fachwerkgebälk eines Hausgiebels. Sonst nichts. Da biegen sich die Balken!

Waldtraut ist mit 66,66 Metern Deutschlands höchster Baum. Die Douglasie wurzelt oberhalb von Günterstal im Mühlwald und ist ein Baum mit Migrationshintergrund. Sie kommt aus Nordamerika und wurde 1913 als dreijähriger Sämling zu Versuchszwecken gepflanzt. Douglasien können über 100 Meter hoch und bis zu 400 Jahre alt werden.

Kostenlos und trotzdem Nepp. Der Natur-Erlebnis-Pfad Pfinztal NEPP ist ein Info-Rundweg mitten durch den Wald mit 16 Stationen.

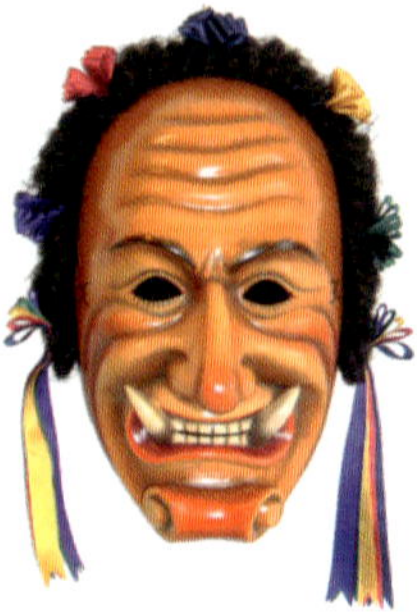

Die Vereinigung Schwäbisch-Alemannischer Narrenzünfte hat ihren Sitz in Bad Dürrheim. Dem Dachverband gehören 68 traditionell ausgerichtete Fastnachtsvereine aus Baden-Württemberg, Bayern und der Schweiz an. Die kreativsten Zunftnamen lauten: Pflumeschlucker, Spritzenmuck, Blätzebuebe, Laternenbrüder, Narrizella Ratoldi, Poppele-Zunft, Bockzunft, Krakeelia, Kuhschelle, Karnöffelzunft.

Dazu gehören unter anderem folgende Figuren: Schnörkele, Siechenmännle, Riedhutzel, Federle, Fotzli-Hansele, Kuhseckel, Muckenspritzer, Rehwib, Klepperlesbub, Lumpenhund, Uhrafiedle, Baptischtli, Schnarragagges, Narrönin, Moschtköpf, Nasenschleifer, Wusele, Beelzebub, Lumpeseggl, Pompele, Sauglock, Tännlelupfer, Gickeler, Katzenrölli und Möstliblöser.

Einige Narrenrufe lauten: Narri – Narro, Kügele – hoi, Ju – Hu – Hu, Hoorig hoorig hoorig isch dia Katz, Schnarragagges – Heidenei, Hoppla – ho, Oho – Oho – Oho, Rölli Rölli Suppechnölli, Bock – Määh.

In Mosbach gibt es die Ballettschule Holzschuh.

Altlußheim hatte im Laufe der Jahrhunderte etliche Bezeichnungen: Lossa, Locze, Loszem, Lossem, Lozsheim, Lohsheim, Lussem, Luzheim, Lußheim.

In-stinkt. In Sachbachwalden brachte ein Rentner mehrere schwarze Beutel zur Polizei, die ein Unbekannter in einen Mülleimer geworfen hatte – und wollte so eine vermeintliche Drogenübergabe vereiteln. Die Beamten öffneten die Beweisstücke und fanden: Hundekot.

Zur Stadt Titisee-Neustadt gehören 113 Dörfer, Weiler, Zinken, Höfe und Häuser.

In Konstanz, Mannheim und Bad Bellingen gibt es einen Schwabenstammtisch.

Tuberkulose, Pest und Cholera. Robert Koch entdeckte unter dem Mikroskop, dass Krankheiten von Bakterien verursacht werden, und wurde zum Begründer der modernen Mikrobiologie und Bakteriologie. Er erhielt 1905 den Nobelpreis und starb fünf Jahre später in einem Baden-Badener Sanatorium.

Ich lach mich tot. Deutschlands schönste Bestatterin 2016 kommt aus der Schwarzwald-Gemeinde Hasel. 75 Kandidatinnen hatten am Contest teilgenommen – schließlich wurde Tatjana Greiner zur »Miss Abschied« gekürt. In ihrem Traumjob hat sie viel mit Menschen zu tun.

Määähga schlau! Ein Badner hat sich jahrelang vor der Hundesteuer gedrückt und seinen zottelig-befellten Freund der Rasse »Perro de Agua Español« offiziell als Schaf ausgegeben. Eine Tierärztin bestätigte zwar die verwechselbare Ähnlichkeit, erkannte aber den wahren Hund hinter dem dicken Fell sofort. Wau!

Fehlanzeige. Am Schwetzinger Schloss zeigen seit 1711 die großen Zeiger die Stunden und die kleinen Zeiger die Minuten an. Warum, weiß bis heute keiner so genau.

Brigach und Breg bringen die Donau zuweg. Am Zusammenfluss dieser beiden Gewässer entsteht nach allgemeiner Auffassung die Donau. Bis zur Mündung ins Schwarze Meer sind es genau 2811 Kilometer. Als Donau-Ursprung werden jedoch auch mindestens zwei echte Quellen bezeichnet: die Quelle des Donaubachs, der nach 100 Metern in die Brigach mündet, sowie die Quelle der Breg.

'S gibt Badische und Unsymbadische.

Die höchste Erhebung Badens ist der Feldberg im südlichen Schwarzwald mit 1493 Metern.

290 Meter. Die größte Fischtreppe Europas befindet sich bei Rheinau-Gambsheim. 40 Becken mit einer Höhendifferenz von jeweils 25 Zentimetern warten darauf, von Lachs, Forelle, Aal und Co bezwungen zu werden. Drei riesengroße Aquarienfenster bieten beste Ausblicke auf unsere nassen, schuppigen Freunde.

Die Badische Schwarzwaldbahn ist eine von nur drei zweigleisigen Gebirgsbahnen in Deutschland.

Die 150 Kilometer lange Schwarzwaldbahn von Offenburg nach Singen überwindet 655 Höhenmeter und führt durch insgesamt 39 Tunnel. Besonders interessant ist der 40 Kilometer lange Aufstieg von Hausach nach Sankt Georgen, dem höchstgelegenen Bahnhof der gesamten Strecke. Zwischen Stuttgart und Calw gibt es auch eine Schwarzwaldbahn – die Württembergische. Aber damit fahre blos Schwobe!

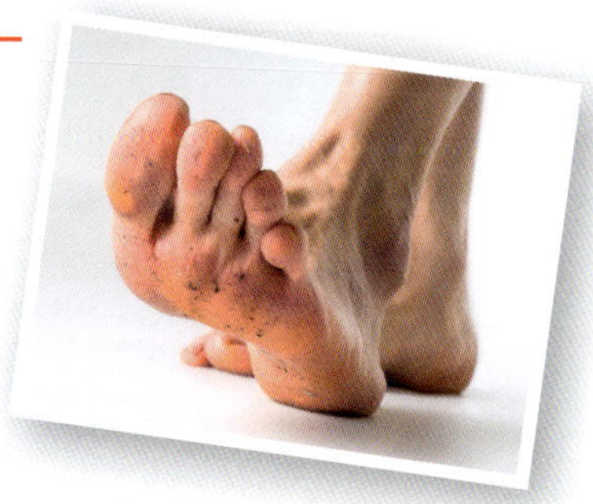

Barfuß. 12 Wochen. 2116 Kilometer. 10 000 Euro Spendengelder. Aldo Berti aus Villingen ist im Sommer 2017 den deutschen Jakobsweg von Sassnitz auf der Insel Rügen bis in die Schweiz zur Schwarzen Madonna im Kloster Einsiedeln gelaufen. Weltrekord.

Immeraufdenweinachten! Der Walldürner Priester Heinrich Otto verschüttete im Jahre 1330 versehentlich einen geweihten Kelch mit Wein auf dem Korporale (dem auf dem Altar liegenden Leinentuch), worauf sich, oh Wunder, elf Christushäupter abzeichneten. Erschrocken versteckte er das Tuch im Altarstein – erst auf dem Sterbebett berichtete er davon.

Mittlerweile kommen jährlich 100 000 Pilger zum so genannten Blutwunder von Walldürn. Der größte Teil sind Buswallfahrer – aber es gibt auch traditionelle Fußwallfahrten, vor allem aus den Räumen Köln, Fulda, Darmstadt und Würzburg. Am Ziel macht jeder drei Kreuze.

Von der Hochschwarzwald Tourismus GmbH in Hinterzarten ist unter »Sehenswürdigkeiten und Ausflugsziele in Todtmoos« der dortige Busbahnhof aufgeführt.

Köpfle mit Knöpfle! Als im Dreißigjährigen Krieg Kuppenheim von den Schweden belagert wurde und die Vorräte zur Neige gingen, machte man aus dem letzten Mehl und den letzten Eiern eine Art Spätzle, die runden Knöpfle. Als man diese über die Stadtmauer warf, zogen die Belagerer von dannen, weil sie dachten, es gäbe noch reichlich Vorräte. So kam Kuppenheim zum Spitznamen »Knöpflestadt«.

Burg Guttenberg bei Haßmersheim wurde nie zerstört und ist seit 800 Jahren durchgehend bewohnt.

Der Singener Hausberg Hohentwiel trägt mit 90 000 Quadratmetern die größte deutsche Festungsruine.

Im Klettgau fallen nur rund 900 Millimeter Regen pro Jahr.

Seit Juni 2017 ist die Region Südschwarzwald, die sich über 28 Gemeinden auf 630 Quadratkilometern erstreckt, das 16. UNESCO-Biosphärenreservat in Deutschland.

Mappus war dafür – ein Badener disst die Schwaben! In Stuttgart baut man den pünktlichsten barrierefreien deutschen Kopfbahnhof mit 17 Gleisen zurück zu einem Durchgangsbahnhof mit nur 8 Gleisen, bekommt die weltweit schrägste Bahnsteig-Neigung von 15 Promille (sechsfach über dem erlaubten Grenzwert), braucht viel mehr Energie durch Aufzüge, Rolltreppen, Beleuchtung – und bohrt 60 Kilometer Tunnel durch quellfähiges Anhydrit-Gestein. Und wirft Milliarden zum Fenster raus. Daaigaffe!

Gottmadingen hieß im Jahr 965 Gotemundingen.

Badische Maßeinheiten:
e Muggeseggele = 0,1 mm;
e Fitsele = 1 mm;
e bissle = 0,5 cm;
pi mol Daume = +- 1 cm;
e Hennadäbberle = 5 cm;
e Katzadäbberle = 15 cm.

Wir haben den Längsten! Nur in den sauren Böden der Fichtenwälder rund um den Feldberg, in Höhen zwischen 300 und 1400 Metern, kommt er vor – der Badische Riesenregenwurm. Der »Endemit« wird bis zu 60 Zentimeter lang und kann 20 Jahre alt werden.

Adolf Hirtler ist seit 1963 Ehrenbürger von Gutach.

Die Kinzigtalstraße ist eine römische Militärstraße. Kaiser Vespasian ließ sie in den Jahren 73/74 von Offenburg aus durch das Kinzigtal über Rottweil bis nach Tuttlingen bauen.

Das Wappen von Lörrach sieht aus wie ein im Flug erschossener Origami-Vogel. Es soll aber eigentlich eine aufsteigende goldene Lerche (alemannisch Lörch) darstellen.

Der geografische Mittelpunkt Baden-Württembergs liegt im Schwäbischen – in einem kleinen Wald innerhalb des Stadtgebiets von Tübingen, am Ende des Käsenbachtals. So ein Käse.

Das Heimatmuseum Hüsli in Grafenhausen-Rothaus war das Wohnhaus von Professor Brinkmann in der Fernsehserie »Schwarzwaldklinik«. Sein Schlafzimmer sucht man dort jedoch vergebens.

Der Lyriker Justinus Kerner schrieb vor über 150 Jahren über Baden-Baden: »Ein Menschenmarkt, wo sich ein paar hundert französisch parlierende Leute, geckenhaft gekleidet, ein Stelldichein geben.« Und Mark Twain berichtete 1880: »Es ist eine geistlose Stadt, voll von Schein und Schwindel und mickerigem Betrug und Aufgeblasenheit, aber die Bäder sind gut.«

Steinfeld in Unterfranken war von 1806 bis 1819 badisch und trägt noch heute den roten Balken auf gelbem Grund im Wappen.

Der 1871 in Heidelberg geborene Sozialdemokrat Friedrich Ebert war von 1919 bis 1925 erster Reichspräsident der neu gegründeten Weimarer Republik. Auf seinem Grabstein steht: »Des Volkes Wohl ist meiner Arbeit Ziel.«

Im Hotzenwald im Südschwarzwald hat die Glockenheide ihr einziges natürliches Vorkommen im süddeutschen Raum. Die Figur des Räubers Hotzenplotz entstand jedoch nicht hier – sondern durch den Fluss Hotz in Otfried Preußlers tschechischer Heimat.

Der in Heidelberg geborene Verleger Hubert Burda studierte Kunstgeschichte und promovierte mit 25 Jahren. Das Thema seiner Doktorarbeit lautete: »Die Ruine in den Bildern Hubert Roberts«.

Pforzheim ist zwar eine kreisfreie Stadt – hat aber dennoch mehrere Kreisverkehre.

Der Gernsbacher Stadtteil Reichental war Drehort der Fernsehproduktion »Die Fallers«.

Steine zu Brot. Die Ehefrau des Markgrafen Ludwig Wilhelm von Baden-Baden, Markgräfin Sibylla Augusta, hatte um 1705 die Idee, Kiesel als Schmuck an der Fassade von Schloss Favorite in Rastatt anzubringen. So bezahlte sie während des Baus arme Kinder für im Flussbett der Murg gesammelte Steine – und entlohnte sie ganz im biblischen Sinne mit einigen Kreuzern und einem Stück Brot.

733 Meter über Normalnull. Bad Dürrheim hat das höchstgelegene Solebad Europas. O Sole mio!

Lasst uns froh und munter sein. Und uns 'nen Tag vorher freun. In Philippsburg wird der Nikolaustag schon am 5. Dezember gefeiert. Während der Belagerung der Stadt durch die Franzosen 1799 hörte man, dass am 6. Dezember die Festung zerstört werden sollte. Deshalb feierte man sicherheitshalber schon einen Tag früher.

Jenseits von Eden. Schlagersänger Nino de Angelo wurde 1963 in Karlsruhe geboren als Domenico Gerhard Gorgoglione.

Hier wird kräftig gezwitschert. Die Baar ist ein ausgewiesenes Europäisches Vogelschutzgebiet. Sie ist die bedeutendste Brutzone in Baden-Württemberg für Wachtel und Wachtelkönig. Man findet hier aber auch den Neuntöter, den Gänsesäger, die Hohltaube, die Knäkente, den Raubwürger und den Wendehals.

Pandadies! In Schallstadt-Mengen gibt es einen 8000 Quadratmeter großen Bambuswald mit 27 verschiedenen Bambusarten.

Weilheim pflegt eine Gemeindepartnerschaft mit der Gemeinde Baden in der Bretagne.

Oliver Bierhoff schoss bei der Europameisterschaft 1996 gegen Tschechien im Endspiel das erste Golden Goal überhaupt. Und dem gebürtigen Karlsruher gelang 1998 bei der Weltmeisterschaftsqualifikation gegen Nordirland ein weiteres Novum: Innerhalb von sechs Minuten gelang ihm der schnellste Hattrick in der Geschichte des DFB.

Städtenamen in Mundart: Brisach am Rhi, Friburg im Brisgau, Heidelberch, Kaalsruh, Konschdanz, Monnem, Pforzem.

Das Wappen der Stadt Gaggenau zeigt einen Sester, ein veraltetes Hohlmaß für Getreide und Flüssigkeiten – das entsprach seinerzeit 15 Litern.

Die Schwarzwälder Kirschtorte heißt in der Schweiz Schwarzwäldertorte.

Helloween! Der Sänger der gleichnamigen deutschen Speed- und Power-Metal-Band Andi Deris erblickte 1964 im Karlsruher Marienkrankenhaus das Licht der Welt. Vor allem in Südamerika und Asien kommen zu den Konzerten zehntausende Fans – Helloween ist in Deutschland außerhalb der Metal-Szene nicht sehr bekannt. Mit dem Grusel-Fest selbst kann Deris nicht sonderlich viel anfangen.

Ein Schwabe trifft im Urlaub Kannibalen – diese preisen menschliches Hirn an: »Wenn man das verspeist, wird das eigene um das Gegessene schlauer!« Er liest: Badenerhirn 100 Dollar pro Kilo, Schwabenhirn 500 Dollar. Der Schwabe ist stolz, dass das Schwäbische am teuersten ist. Der Kannibale erklärt: »Das ist so, weil wir viel mehr Schwaben erlegen müssen, um ein Kilo zusammenzukriegen!«

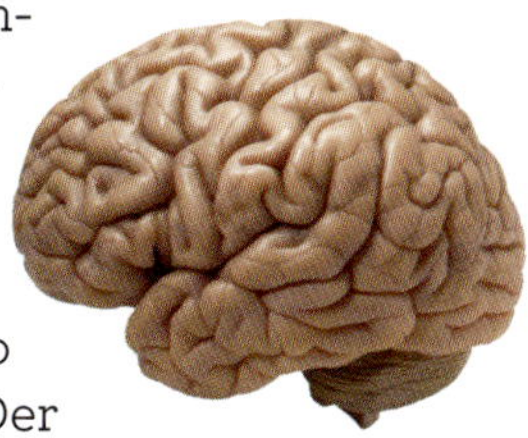

St. Blasien pflegt partnerschaftliche Beziehungen zu Saint-Blaise in der Schweiz.

Die Badische Meile beträgt 8 Kilometer, 888 Meter und 89 Zentimeter. Exakt diese Strecke legte Markgraf Karl Friedrich im Hardtwald im Jahre 1819 in zwei Stunden mit seinem Gefolge zurück.

Seit 1990 gibt es jedes Jahr um Ende März, Anfang Mai den Volkslauf »Badische Meile« – ein Rundkurs zu Ehren des Markgrafen.

Ladenburg bezeichnet sich selbst als älteste Stadt Deutschlands rechts des Rheins.

Schauspieler Ralf Bauer wurde 1966 in Karlsruhe geboren und besuchte in Baden-Baden die Klosterschule vom Heiligen Grab.

Da rollen die Köpfe! Im Sommer kann man an der Hochfirstschanze bei Titisee-Neustadt in 330 Zentimeter großen durchsichtigen aufblasbaren Kugeln vom Schanzenauslauf aus in den Abgrund kugeln. Zwei Personen haben in einem sogenannten »Zorb-Ball« angeschnallt Platz – bis zu 30 Stundenkilometer wird die Kotzorgel schnell. Ganz schön balla-balla.

Die kleinste Kommune Baden-Württembergs ist Böllen im Landkreis Lörrach mit 92 Einwohnern.

Büsingen ist die einzige deutsche Exklave – die Gemeinde ist komplett von Schweizer Gebiet umschlossen.

In Dachsberg im Südschwarzwald verläuft genau durch die Florianshütte am Kaiser-Rudolf-Platz der Längengrad 8.08808.

Bereits Mitte des 13. Jahrhunderts trug die Mehrzahl der Bewohner Freiburgs einen Familiennamen. Auf dem Land und in anderen Regionen Deutschlands kamen Familiennamen erst ab Beginn des 14. Jahrhunderts auf – die Letzten waren erst um 1809 die Ostfriesen.

Die Straßenbeleuchtung in Umkirch ist komplett auf LED umgerüstet.

Von Gondelsheim nach Shanghai, China, sind es genau 8888 Kilometer.

»Ich habe hier eine wunderschöne Wohnung gefunden und unglaublich billig, so dass ich mich ohne Gewissensbisse an der schönen Aussicht erfreuen kann.« Johannes Brahms hat sich in den Sommermonaten der Jahre 1865 bis 1874 bei der Witwe Becker in Baden-Baden eingemietet.

In der Satzung des 1895 gegründeten Skiclub Freiburg wurde festgehalten: »Damen ist der Eintritt natürlich aufs bereitwilligste gestattet sogar ist derselbe sehr erwünscht.« Bei anderen Sportarten waren Frauen seinerzeit ausgeschlossen und höchstens als Zuschauerinnen erlaubt.

In Limbach gibt es 586 Einpendler sowie 1318 Auspendler.

Albgau wird das Albtal im nördlichen Schwarzwald genannt. Und zum Allgäu sagte man früher Alpgau.

Witzige badische Ortsnamen: Aftersteg, Aha, Bleichheim, Freiamt, Gscheid, Hebsack, Handschuhsheim, Küssaberg, Maulburg, Muggenbrunn, Nordschwaben, Obermumpf, Paradies, Schlechtnau, Siehdichfür, Stupferich, Sumpfohren, Totenkopf.

Die komplette Entleerung der Schwarzenbachtalsperre dauert 75 Tage.

Seit 350 Jahren den Dreh raus!
In Burkheim gibt es das einzige Korkenzieher-Museum Deutschlands.

Am 24. September 1960 entdeckte das niederländische Ehepaar Cornelis Johannes van Houten und Ingrid van Houten-Groeneveld den Asteroiden 10947 und nannte ihn Kaiserstuhl. Er hat eine mittlere Orbitalgeschwindigkeit von 69 696 Stundenkilometern.

Am 29. September 1973 spürten die beiden Astronomen den Asteroiden 10663 auf und tauften ihn Schwarzwald. Dieser bewegt sich mit 60 012 Stundenkilometern durchs All.

Am 16. Oktober 1977 entdeckte dasselbe Ehepaar den 71 928 Stundenkilometer schnellen Asteroiden 10666 und nannte ihn Feldberg.

Im Schwarzwaldzoo Waldkirch gibt es 138 Vögel, 23 Reptilien, 4 Amphibien und 86 Säugetiere.

Es gibt 22 Mal den Ort Oberried in Deutschland.

Der Hornberger Trial-Bike-Profi Daniel Rall hat Anfang Juli 2018 im Europa-Park während der Sendung »Immer wieder sonntags« einen neuen witzigen Weltrekord aufgestellt. Er öffnete mit der radlosen Vordergabel seines Mountainbikes auf dem Hinterrad balancierend in 60 Sekunden fachgerecht acht Bikini-Oberteile.

SV Rot-Weiß Sandhausen ist mehrfacher Weltpokalsieger im Kegeln.

Das Wappen des Donaueschinger Ortsteils Hubertshofen sieht aus wie das Jägermeister-Logo: ein Hirschkopf mit einem von Strahlen umgebenen christlichen Kreuz zwischen den Hörnern.

Jägermeister ist die erfolgreichste deutsche Export-Spirituose. Ein Schnapsglas davon mit einem Energy-Drink gemischt heißt in Schluckspecht-kreisen »Fliegender Hirsch«. Im englischen Sprachraum hat der Cocktail die Bezeichnung »Jägerbomb«.

Nul fül lichtige Olgelspielel! In Waldkirch werden seit über 200 Jahren mechanische Musikautomaten wie Drehorgeln und Kirchenorgeln gefertigt. Die größte jemals produzierte Orgel ging nach China – sie ist 10 Meter lang, hat 4986 Pfeifen und wiegt 30 Tonnen. Liesengloß!

Wer zu einem Badener Badenser sagt, muss auch zu einem Frankfurter Frankfurtser sagen.

Badische Spezialitäten haben oft kuriose Namen: Kracherle, Bibbeleskees, Einlaufsuppe, Saure Kuddle, Herdäpfelstock, Metzelsupp, Kirschenplotzer, Striebli, Bubespitzle, Mistkratzerle, Presskopf, Bleddle oder gar Verheierde.

Der dienstälteste Jazzredaktuer der Welt: Musikjournalist Joachim-Ernst Berendt arbeitete über 40 Jahre beim damaligen Südwestfunk Baden-Baden.

Vier Baden-Badener Rekorde: Mehr als 1000 Gebäude stehen unter Denkmalschutz. 80 Prozent aller Bühnenbildner werden in Baden-Baden ausgebildet. Im Rittersaal des Alten Schlosses befindet sich die größte Windharfe Europas mit vier Metern Höhe und 120 Saiten. Bereits 1507 wurde in der Stadt eine Kurtaxe erhoben.

Werbach hat zwei Autokennzeichen, drei Telefonvorwahlen und vier Naturschutzgebiete.

Endekebbfer nennt man einen langsam fahrenden Bummelzug, den auf der Strecke Enten auf den Gleisen aufhalten.

Dambedei. So heißt im Raum Karlsruhe ein vorweihnachtliches Hefegebäckmännchen mit Augen und Jackenknöpfen aus Rosinen. Der Name könnte von einem rätischen Schutzgeist namens Tampada abstammen oder eine Verballhornung sein von »Domini dei«. Vielleicht kommt er auch vom französischen »Dame de dieu«. Nichts Genaues weiß man ned …

Das Wappen von Wiesental ist das einzige mit nur einem großen weißen Herzen auf blauem Hintergrund.

Das EU-weit gültige Qualitätssiegel für »geschützte geografische Angaben« tragen unter anderem Badischer Wein, Schwarzwälder Schinken, Schwarzwälder Himbeergeist, Schwarzwälder Mirabellenwasser, Schwarzwälder Zwetschgenwasser, Schwarzwälder Kirschwasser, Schwarzwälder Williamsbirne, Schwarzwaldforelle, Höri-Bülle (rote Zwiebel) sowie Gurken, Salate und Tomaten von der Insel Reichenau.

Mit der Bezeichnung schützt die EU regional bedeutsame Produkte vor Nachahmung. Dafür muss Erzeugung, Verarbeitung oder Vorbereitung für den Verkauf in dem bezeichneten Gebiet stattfinden.

Von der Schiffsanlegestelle hinauf in die Meersburger Oberstadt führt die Rieschentreppe mit 171 Stufen.

Die ham nen Vogel! 1737 wurde in Schönwald im Schwarzwald von Franz Ketterer die Kuckucksuhr erfunden. Der Kuckucksruf war zunächst das einzige signifikante Merkmal.

Mitte des 18. Jahrhunderts gewann Friedrich Eisenlohr einen Uhrenwettbewerb mit seinem Entwurf eines Bahnhäusles – diese prägnante Hausform wurde im Laufe der Zeit durch geschnitzte Figuren und Fassaden ergänzt. Original Schwarzwalduhren besitzen heute ein VDS-Echtheitszertifikat.

Einer der ältesten Industriezweige im Schwarzwald war die Strohflechterei. Aus langhalmigem Roggen wurden Hüte, Taschen und Strohschuhe hergestellt – dazu verwendete man die gespaltenen Stängel des unreif geernteten Getreides. Für die Trachten wurden unter anderem Strohzylinder gefertigt sowie Strohhüte als Unterbau für den Schwarzwälder Bollenhut.

In der Blütezeit waren rund 1500 Mädchen und Frauen in der Strohflechterei beschäftigt. Für 32 Meter feines Geflecht konnte man sich in den schlechten Zeiten gerade mal einen Laib Brot kaufen.

In Reute bei Emmendingen gibt es das Gasthaus Mösle.

In der Nähe von Meßkirch gibt es den Campus Galli – dort erbauen 25 festangestellte Handwerker mit zeitgenössischen Arbeitstechniken und Materialien ein frühmittelalterliches Kloster auf Grundlage des St. Galler Klosterplans aus dem 9. Jahrhundert. Voraussichtliche Gesamtbauzeit: 40 Jahre. Machet nôre!

Der weltberühmte, vor 1200 Jahren gezeichnete Reichenauer Klosterplan ist im Original 122 Zentimeter lang und 775 Zentimeter breit.

Mitra, Bart, Sack, Nüsse, Rute. Am Nikolaustag kennt man regional unterschiedlichste Traditionen. In der Freiburger Namensvetter-Stadt Fribourg gibt es jährlich einen großen Umzug mit zehntausenden Zuschauern – der Heilige Nikolaus ist der Schutzpatron der Stadt. In Basel heißt er Samichlaus, und man erzählt den Kindern, er komme aus dem Schwarzwald – und wer nicht brav ist, den nimmt er dorthin mit zurück.

Die Alb fließt mitten durch Ettlingen.

1715. Markgraf Karl Wilhelm von Baden-Durlach gründete Karlsruhe und lockte mit rechtlichen, religiösen und finanziellen Privilegien schnell viele fleißige Menschen in die Stadt.

Karl Wilhelm benötigte nur rund 6000 Gulden, um seine 60 Hofsängerinnen zu unterhalten, die dauerhaft am Hof waren und aus deren Kreis er zahlreiche Geliebte hatte. Seinen Schwager jedoch kostete seine einzige Geliebte mehrere Hunderttausend Gulden – es war der Herzog von Württemberg. Der Bachl!

In der Stadtkirche Engen befindet sich das Grabdenkmal des Grafen Conrad von Pappenheim.

Norwegische »Spezialitäten« gab es 1906 zum zehnjährigen Bestehen des Ski-Clubs Schwarzwald. Auf der Speisekarte standen Telemarker Bauernsuppe, Lappländer Speck, Grönlandwal mit Trantunke sowie Pinguin im Algensalat.

Schlagersänger und Stimmungskanone Tony Marshall wurde 1938 in Baden-Baden geboren als Herbert Anton Bloeth.

98 Prozent aller Bundesbürger kennen Tony Marshall. Er hat 120 Singles veröffentlicht. Wegen seines Hits »Bora Bora« wurde der ausgebildete Opernsänger 2008 zum Ehrenbürger der polynesischen Insel Bora Bora ernannt.

Deutscher Rekord! Uhldingen-Mühlhofen hat rund 2000 Sonnenstunden im Jahr – das sind die meisten in Deutschland.

Der 47 Meter hohe Emmendinger Eichbergturm ist der höchste aus Holz erbaute Turm Baden-Württembergs und der höchste frei zugängliche Aussichtsturm Deutschlands. Die Aussichtskanzel aus Eichenholz wird von sechs Douglasienstämmen gestützt.

Drehwurm. Werner Rittberger wurde im Februar 1925 Sieger bei den Deutschen Eiskunstlaufmeisterschaften auf dem gefrorenen Titisee. Ihm gelang damals zum allerersten Mal bei dem nach ihm benannten Sprung eine zweifache Drehung – der doppelte Rittberger. Hacke, Spitze, hoch das Bein!

Wehr liegt an der Wehra.

Das Badische Grundgesetz:
§ 1 S Lewwe isch kee Zuggaschlegge!
§ 2 Schwobe schaffe, Badner denge!
§ 3 Numme ned huddle!
§ 4 Des kannsch halde wie seller uffm Dach!
§ 5 Saufsch, schdirbsch. Saufsch ned, schdirbsch a!
§ 6 Ruddsch mer doch de Buggl runner!
§ 7 S wäd scho so sei solle, sunsch wärs ned so!
§ 8 En gscheide Woi hot noch kom Dumme gschad!
§ 9 Mer kann viel duu, awer noch viel meh losse!
§ 10 S gibt Badische un Unsymbadische!

Für die Herkunftsbezeichnung »Schwarzwaldforelle« gelten folgende Prämissen: Es müssen lebende Bach- oder Regenbogenforellen aus dem Kerngebiet Schwarzwald sein. Ab 10 Gramm Gewicht ist die Aufzucht in Schwarzwaldwasser vorgeschrieben. Die Einbringung von Reinsauerstoff ist verboten. Eine Schwarzwaldforelle muss außerdem im Schwarzwald gefangen, geschlachtet und geräuchert werden.

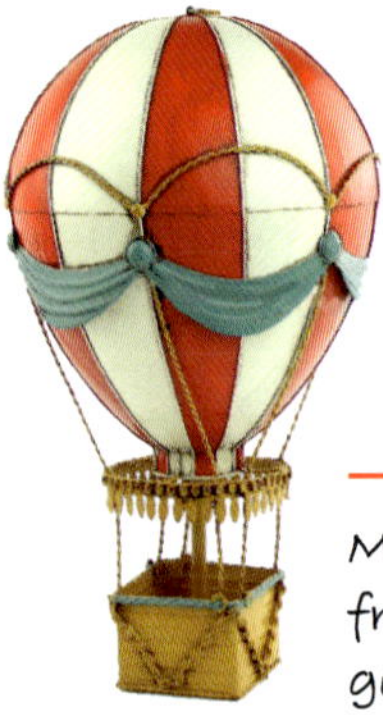

Ganz schön aufgeblasen! Über 1000 Menschen gehen jährlich in einem Korb über Baden-Baden in die Luft – in der Stadt befindet sich Europas größte Heißluftballonflotte!

Markgräfin Irmengard von Baden hat im frühen 13. Jahrhundert den Ort Stutengarten gegründet – das heutige Stuttgart.

Das macht einen ja rasend! Auf der 570 Meter langen Gründlebahn im Hirschgrund geht es in 83 Metern Höhe im Schuss über Fichten und Tannen von der einen auf die andere Seite der Schlucht. Es ist die längste Zipline in Deutschland an nur einem Seil. Da kann man sich so richtig hängen lassen.

Eggenstein-Leopoldshafen liegt 100 Meter über dem Meeresspiegel.

Kaiser Karl der Große erlaubte um das Jahr 800 per Erlass den Weinbauern, einen Teil ihrer Ernte selbst auszuschenken. Als Zeichen hängt noch heute für jeden sichtbar ein Reisigbesen vor der Tür. Die landwirtschaftlichen Betriebe dürfen höchstens 16 Wochen lang ihre Gäste mit badischem Wein und selbstgemachten Gerichten verwöhnen und maximal 40 Sitzplätze haben. Während man dazu im Schwäbischen Besenwirtschaft sagt, hat sich im alemannischen Sprachraum der Begriff Straußwirtschaft durchgesetzt.

47 Prozent der Badener leben im eigenen Häusle.

Da geht's lang! Ende Januar 1895 stapften vier Mitglieder des Ski-Club Freiburg vom Oberrieder Tal über Notschrei durch Nebel und dichtes Schneetreiben hoch zum Feldberger Hof. Um anderen die Orientierung zu erleichtern, wurde von ihnen später auf der Strecke zum Gipfel des Feldbergs die erste Skiwegmarkierung Deutschlands angelegt.

Ahorn liegt 15,01 Kilometer westlich von Buchen.

Der Bodensee heißt auf Englisch »Lake Constance«,

auf Türkisch »Bodensee'de«, auf Dänisch »Bodensøen«, auf Holländisch »Bodenmeer«. Und auf Chinesisch »Bódēng hú«.

Was heißt Orgasmus auf Badisch? Sodele.

Happy! Im jährlich publizierten Glücksatlas der Deutschen Post werden Bewohner aller 19 Regionen in Deutschland zu ihrer Zufriedenheit befragt. Aktuell liegen die Badener auf Platz 3 – und damit weit vor den Württembergern beziehungsweise Schwaben, die abgeschlagen nur auf Platz 11 stehen.

Das Badnerlied

Das schönste Land in Deutschlands Gau'n,
das ist mein Badnerland.
Es ist so herrlich anzuschaun
und ruht in Gottes Hand.

Drum grüß ich dich mein Badnerland,
du edle Perl' im deutschen Land, deutschen Land.
frisch auf, frisch auf; frisch auf, frisch auf;
frisch auf, frisch auf mein Badnerland.

Zu Haslach gräbt man Silbererz,
Bei Freiburg wächst der Wein,
im Schwarzwald schöne Mädchen,
ein Badner möcht' ich sein.
Drum grüß ich dich ...

Zu Karlsruh' ist die Residenz,
in Mannheim die Fabrik.
In Rastatt steht die Festung
und das ist Badens Glück.
Drum grüß ich dich ...

Alt-Heidelberg, du Feine,
du Stadt an Ehren reich,
am Neckar und am Rheine,
kein' and're kommt dir gleich.
Drum grüß ich dich ...

Der Bauer und der Edelmann,
das stolze Militär
die schau'n einander freundlich an,
und das ist Badens Ehr.
Drum grüß ich dich ...

Inoffizielle Strophen

Ein Badner möcht ich auch gern sein,
denkt sich so mancher Schwob –
und weint dann leis in sich hinein.
Er wird es nie – gottlob.
Drum grüß ich dich ...

In Karlsruh' spielt der KSC,
in Freiburg der SC.
In Stuttgart gurkt der VfB!
Oh weh, oh weh, oh weh!
Drum grüß ich dich ...

Man merkt, dass wir kei' Schwabe sind,
Und wisst ihr auch warum?
Mir denke erst und schaffe dann,
bei de Schwabe isch's andersrum.
Drum grüß ich dich ...

Bildnachweis

S. 5: Digitalpress, Fotolia; S. 6, 7 o./M., 10 o. u., 12 o./M., 13 M./u., 14 u., 15 u., 17 M./u., 18 u., 20 M./u., 21, 22 u., 23 u., 24, 25, 26o./u., 27 o./u., 28, 30 M., 31 u., 32 u., 33 M./u., 35 u., 36 o./u., 37, 38 u., 39 o./u., 40 u., 41 M., 42 M., 43 o., 44 u., 45 M., 46 u., 49 u., 50 u., 51, 52 u., 53 o./u., 54 o., 57 o., 58 M., 60 o./u., 61 o., 63 M., 73 o./u., 74 o., 75 o./u., 78 M./u., 80 o., 81 o., 82 o., 83 o., 84, 88 M./u., 91 o., 93 o./M., 95 u., 96 M., 100 o., 103 o./u., 106 M./u., 107 M./u., 108 o., 109 u., 110 M., 114 o., 116 u., 117 o., 119 o., 122 M., 124 M., 126 M., 127 M., 128 u., 130 o./u., 131 o./M., 132, 137, 138, 139 u.: Hartmut Ronge; S. 7: Ljupco Smokovski, Bogdan Dumitru, Fotolia; S. 8o: Ilya Akinshin, Fotolia; S. 8 M.: Frank C. Müller; S. 8 u.: michaelheim, Fotolia; S. 9 u.: anankkml, Fotolia; S. 12: BTB Bad Rappenauer Touristikbetrieb GmbH; S. 14 o.: sakura, Fotolia; S. 14 M.: Eva Kröcher; S. 15 o.: inge Knol, Fotolia; S. 16 M.: Alex, Fotolia; S. 16 u.: Shariff Che'Lah, Fotolia; S. 17 o.: spaxiax, Fotolia; S. 18 o.: salita2010, Fotolia; S. 19 o.: Anja Ergler; S. 19 u.: TownMapsUSA.com; S. 20 o.: Marina Lohrbach, Fotolia; S. 22 o.: ExQuisine, Fotolia; S. 23 o.: mars, Fotolia; S. 23 M.: Max Dallocco, Fotolia; S. 26 M.: Marina Lohrbach, Fotolia; S. 27 M.: Pictures4you, Fotolia; S. 29 M.: Ionescu Bogdan, Fotolia; S. 29 u.: dampferzeitung.ch; S. 30 o.: Daniela Dietsche; S. 30 u.: vicenfoto, Fotolia; S. 32 o.: Tacio Philip; S. 33 o.: Hans-Gerd Seeliger; S.34 o./u.: Africa Studio/DenisNata, Fotolia; S. 35 M.: Der Reisende; S. 36 M.: Schwoab; S. 38 o.: contrastwerkstatt; S. 41 o./u.: Björn Wylezich/abet Fotolia; S. 42 o./u.: vnlit/jjohan, Fotolia; S. 43 M./u.: beermedia/Ingo Bartussek, Fotolia; S. 44 o.: alexlmx; S. 46 M.: savanno, Fotolia; S. 47 u.: ValentinValkov; S. 48 o./M./u.: 2happy/lily/Ana Gram, Fotolia; S. 49 o.: dule964; S. 50 o.: stockpics; S. 52 o./M.: santiago silver/C. Schüßler, Fotolia; S. 53 M.: bokonoist; S. 54 M.: bio raven; S. 55 o./M./u.: Dario Sabljak/PRILL Mediendesign (Fotolia)/Bullenwächter; S. 56: Peter Schmelzle; S. 57 u.: Alex Koch; S. 59 o./M./u.: iamtheking33 (Fotolia)/Jürgen Götzke (Fotolia)/ Michael Flippo; S. 60 Mgrafikplusfoto, Fotolia; S. 61 M./u.: pagnacco/grafikplusfoto, Fotolia; S. 62: jokatoons, Fotolia; S. 64 M.: Marco2811, Fotolia, S. 64 u.: Andreas Praefcke; S. 65 M./u.: imstock/alexrow; S. 66 o./M.: janvier/Jürgen Fälchle, rcfotostock, Fotolia; S. 66 u.: Tehawe; S. 67 o./M./u.: steven hendricks/Animaflora PicsStock/Elke Hötzel, Fotolia; S. 68 o./M./u.: Mauritsvink/alswart (Fotolia)/scarie (Fotolia); S. 69 M./u.: kikkerdirk/ emuck, Fotolia; S. 70 o./M./u.: vencav/Britta Laser/Elena Schweitzer; S. 71: o.: gradt, Fotolia; S. 72 o.: bluedesign, Fotolia; S. 74 M.: polymus64; S. 76 M./u.: PhotoSG/Yio, Fotolia; S. 77 u.: Christine; S. 78 o.: JoachimKohlerBremen; S. 79 o./M./u.: Cluuuus/fotomaster (Fotolia)/Tomo Jesenicnik; S. 80 M.: Stefan Weis, Fotolia; S. 81 u.: Klaus Eppele, Fotolia; S. 83 u.: vonvraysan; S. 85 u.: Galló Gusztáv, Fotolia; S. 86 o./M./u.: Sandra (Fotolia)/Julius Hügel, Museum der sprechenden Steine e.V./Schwarzwaldmuseum Triberg; S. 87 M./u.: Nicola Perscheid/Personaldisponent; S. 88 o.: Barbara Pheby; S. 89 o./M.: by-studio/ Rainer Schmittchen (Fotolia); S. 90 o.: euthymia; S. 91 M./u.: Maksym Yemelyanov/pure-life-pictures, Fotolia; S.92 o./u.: Elnur/jagodka (Fotolia); S. 94 o./M./u.: Roman Samokhin/ DMM Photography Art/Alex White, Fotolia; S. 95 o./M.: Diana Taliun/fotoperle, Fotolia; S. 96 o./u.: Helder Sousa/K.-U. Häßler, Fotolia; S. 97 o./M.: Corradox/Andrzej Tokarski (Fotolia); S. 98 o./M./u.: Inga Nielsen (Fotolia)/National Gallery of Art, Washington, D.C./ Eric Isselée (Fotolia); S. 99 o./M./u.: Skyward Kick Prod. (Fotolia)/Narrenzunft Bad Dürrheim e.V./Ansgar Walk; S. 100 u.: Africa Studio; S. 101 o./M./u.: by-studio/Feng Yu/ by-Studio, Fotolia; S. 102 o./u.: Kultur- und Tourismus GmbH Gengenbach/Stefan Körber (Fotolia); s. 103 M.: PRILL Mediendesign, Fotolia, S. 104: Tom Bayer, Fotolia; S. 105 o./u.: Augustas Cetkauskas/VICHAILAO; S. 107 o.: Photo SG; S. 108 u.: Gerbil; S. 109 o.: akf, Fotolia; s. 110 u.: pixel dreams; S. 111 o./u.: Bildagentur-o/photolia67 (Fotolia); S. 112 o./M./u.: Gehkah/remar/mafu_ art, Fotolia; S. 113 o./u.: Birgit Reitz-Hofmann/Coprid, Fotolia; S. 114 M./u.: chones/magele-picture, Fotolia; S. 115 o./u.: Africa Studio/Ruckszio, Fotolia; S. 116 o.: Holzbildhauerei Andreas Lang, Fotolia; S. 117 u.: Ihar Kaskevich, Fotolia; S. 118 o./u.: Martina Berg/Stefanasal, Fotolia; s. 119 M./u.: Osterland/Stavros; s. 120 o./M.: Yosef/rdnzl (Fotolia); S. 121 o.: p. schmelzle; S. 122 M: Bogdan, Fotolia; S. 123 u.: Ramessos; S. 124 o./u.: womue/Preferi, Fotolia; S. 125 o./M./u.: euthymia/sergei_fish13/photosvac, Fotolia; S. 126 o./u.: He2/yellowj (Fotolia); S. 127 o./u.: danheighton (Fotolia)/3268zauber; S. 128 o.: Rafael Ben-Ari, Fotolia; S. 129 u.: yurakp; S. 130 M.: Schwarzwaldzoo Waldkirch; S. 131 u.: Dorfmetzgerei Walter; S. 133 u.: Suzana, Fotolia; S. 134 M./u.: ArTo/chomplearn 2001 (Fotolia); S. 135 o./u.: Ronge (Fotolia)/Kupferstich Andreas Reinhard; s. 136 o./u.: seafarer81/Verein Eichbergturm e.V.; S. 139 o.: by-studio

Sollte dieses Werk Links auf Webseiten Dritter enthalten, so machen wir uns die Inhalte nicht zu eigen und übernehmen für die Inhalte keine Haftung.

1. Auflage 2020

Umschlaggestaltung: Björn Locke, Nürtingen.
Satz und Layout: Björn Locke, Nürtingen.
Printed in Slovenia by Florjancic.

ISBN 978-3-8425-2152-0

Ihre Meinung ist wichtig für unsere Verlagsarbeit.
Senden Sie uns Ihre Kritik und Anregungen an
Meinung@silberburg.de

Besuchen Sie uns im Internet und entdecken Sie
die Vielfalt unseres Verlagsprogramms:
www.silberburg.de